中國三大思想之比觀

蔡尚思◎著

山西出版傳媒集團
山西人民出版社

圖書在版編目(CIP)數據

中國三大思想之比觀 / 蔡尚思著. -太原 : 山西人民出版社, 2014.11(2024.2重印)
(近代名家散佚學術著作叢刊 / 許嘉璐主編)
ISBN 978-7-203-08764-9

Ⅰ. ①中… Ⅱ. ①蔡… Ⅲ. ①先秦哲學-比較哲學 Ⅳ. ①B220.5

中國版本圖書館CIP數據核字(2014)第234782號

中國三大思想之比觀

主　　編　許嘉璐
著　　者　蔡尚思
責任編輯　梁晉華
助理編輯　張　潔

出 版 者　山西出版傳媒集團·山西人民出版社
地　　址　太原市建設南路21號
郵　　編　030012
發行營銷　0351-4922220　4955996　4956039　4922127(傳真)
天猫官網　https://sxrmcbs.tmall.com　電話　0351-4922159
E-mail　sxskcb@163.com　發行部
　　　　sxskcb@126.com　總編室
網　　址　www.sxskcb.com

經 銷 者　山西出版傳媒集團·山西人民出版社
承 印 廠　山西出版傳媒集團·山西新華印業有限公司

開　　本　700mm×970mm　1/16
印　　張　8.75
字　　數　56千字
版　　次　2014年12月　第1版
印　　次　2024年2月　第2次印刷
書　　號　ISBN 978-7-203-08764-9
定　　價　44.00圓

《近代名家散佚學術著作叢刊》編委會

出版説明

近代名家散佚學術著作叢刊選取一九四九年以後未再刊行之近代名家學術著作共一百二十册，編例如次：

一、本叢書遴選之著作在相關學術領域具有一定的代表性，在學術研究方向、方法上獨具特色。

二、爲避免重新排印時出錯，本叢書原本原貌影印出版。影印之底本皆經專家組審定，原書字體大小，排版格式均未做大的改變，原書之序言、附注皆予保留。

三、本叢書分爲八大類，以作者生卒年編次。

四、爲使叢書體例一致，本叢書前言後記均采用繁體字排版。

五、個別頁碼較少的版本，爲方便裝幀和閱讀，進行了合訂。

六、少數學術著作原書内容有個別破損之處，編者以不改變版本内容爲前提，部分進行修補，難以修復之處保留缺損原狀。

七、原版書中個別錯訛之處，皆照原樣影印，未做修改。

八、所選版本之抽印本頁碼標注，起始至所終頁碼均照原樣影印，未重新編排標注新頁碼。

由於叢書規模較大，不足之處，殷切期待方家指正。

總序/

披沙瀝金，以爲鏡鑒

◇許嘉璐

多年來有一個問題始終在我腦中盤桓：爲什麽在十九世紀末到二十世紀初，在短短的幾十年裏，中國的各個學術領域竟涌現了那麽多大師級的人物？這是中國近代史上一個極爲重要的現象，我認爲，如果不能給出令人滿意的答案，我們撰寫的近代學術史將是不完整的，甚至是缺乏靈魂的。後來我知道，著名人類學家克羅伯曾提出過一個問題：爲什麽天才成群地來？看來這種現象的出現並非中國所獨有，思考其所以然的也大有人在。而在那一次世紀之交中國的情况，似乎應驗了「天才成群地來」這個令克氏久久不解的疑問。錢學森先生曾從相反的方向提出了相同的疑問：爲什麽我們這個時代出現不了杰出人才？後來人們稱這個問題爲「錢學森之謎」。

要回答這些疑問不是件容易的事。與其迅速地囫圇地探尋，不如先多了解那些讓中國近代學術（應該包括人文科學和自然科學）史上閃耀着光輝的大師們的作品和自述，從而在腦海里盡量「復原」他們所處的環境和在那種環境下的心理路徑，從中或許可以得到一些啓示。

有一點是顯然的，這就是他們雖然都已遠離塵世而去，但是他們獨立思考的品性、求知治學的真誠、困厄窮愁中對節操的堅守，恐怕是他們共同的主觀因素，一直影響到現在，而且將會永遠留存下去。

就思想界、學術界而言，二十世紀上半葉是一個新説和舊説碰撞，中學和西學融匯的大時代。那時的學人極爲重視言行操守，同時具備現代知識分子的理想信念；他們的學術研究十分純凈，絶少功利因素；他們的視界開闊，以包容的心態和嚴謹的風格造就了成果的大氣與厚重。至於在客觀因素一面，他們實際是在用工業化時代的事實解説着太史公所説的名山之作「大抵聖賢發憤之所爲作」，困厄苦難使得他們「皆意有所鬱結」。這種鬱結，幾乎和個人的名利毫無牽涉，他們永遠不能釋懷的，是民族的存亡、國運的興衰、民衆的福禍和文脈的續斷。

那個時代也是近代歷史上最大規模的中西古今學術調適、創新的時期，學術方法上的交互滲透和融合、創新亦可謂「於斯爲盛」。斯時之學人是要在封閉的屋墻上鑿出窗子的勇士，是使人能够看看外部世界的第一批導夫先路者；或者可以説，他們是在「意有所鬱結」時「彷徨」和「吶喊」的「狂人」。

相對於那時的哲人們，後來者是幸運兒。現在的形勢是，近三十年來學界空前繁榮，衆多學科有了長足之進，其中很重要的一點是學界有了更新穎、更廣闊的國際視野，似乎接續上了百年前的學壇盛事。但細想想，「古」與「今」還是有差别的。其异，主要不在於世界情勢、學術進展、工具改善這些客觀存在，而在於在廣泛吸收各國優長的同時，自身文化的主體性越來越受到重視，换言之，「拿來主義」已經延長了「拿來」的程序，加上了試用、甄别、篩選、吸收、融合、成長。就我孤陋所見，在當今地球上，面向所有異質文明，努力汲取我之所缺，其範圍之大和心態之切，似乎無出中國之右者。從這個角度説，我們已經超越了前輩。但是事情還有另外一面，學術，特别是人文學科，其職業化、「沙龍化」和功利性，以及隨之而來的浮躁病却嚴重了。從這個角度説，是不是我們已經後退得够可以的了？而這是不是我們這個時代出不了大師的原因之一呢？

民國學術界的特點之一是極爲注重對傳統的反省、批判與繼承。他們對傳統文化盡最大的努力進行整理和研究。一方面，由於戰亂頻仍，民不聊生，學者們擔起了讓中華文化薪火相傳的歷史責任；另一方面，他們要通過對中國傳統文化的整理、挖掘來重振民族自信心。這一時期對傳統文化進行整理的全面而深入是前所未有的，舉凡文字學、語言學、經濟學、法學、哲學、政治制度、書法繪畫、金石學……規模之宏大，研究之精微，令人嘆爲觀止。

民國學術推動了現代學科體系的建立。在對傳統文化整理和研究的基礎上，吸收西方的文化思想和理念，推動和建立了中國現代學科體系。例如，在對語言文字和音韻學成果進行整理、研究的基礎上開始着手規範之，建立了國語學；深入研究書法、國畫，將其融入了現代美術學科；在廢除舊有學制後逐步建立起小、中、大學較完整的科目和學科體系。

民國學術也改變了傳統學術方式，建立了新的研究範式。以現代科學考古爲發端，科研的實踐和成果使中國知識界真正認識到在實驗、比較基礎上的邏輯分析對學術研究的重要，推進了中國學術的一大演變。至於我們常説的打破士大夫傳統、走出書齋到田野鄉村和市民中進行調查研究、結束了經學時代、以歷史眼光檢視儒學和諸子等等，都是確立新學術範式的努力。這一轉變，也標誌着中國學術界脱胎换骨，全面進入了現代，爲此後的學術發展奠定了堅實的基礎。當然，西方啓蒙運動以來，在「現代性」和「現代化」裏潛伏着的缺陷和謬誤也傳到了中國，這些不能不在前哲的著作裏留下痕迹。這並不奇怪。類似的情況，古往今來孰能免之？猶如今天的我們，誰敢自稱我之所見就是永恒的真理？在這個問題上兩個時代所異者，或許就在昔時大家創立新説或譯註西學著作，往往是懷着對學術和前哲的敬畏而爲之，故而常常誤不在我；當今則往往出於對學問和他人的輕蔑，或以所研究的對象爲謀己的工具，因而難辭主觀之咎吧。翻閲他們的心血之作，這些復雜的狀況可以顯見，可以視之爲我們的一面鏡子。

滄海桑田，世事變幻，歷史的動盪和時代的遮蔽，使當年許多大師的一些極有價值的學術著作被棄於故紙堆中，不能不令人有遺珠之憾。爲此，山西人民出版社不惜以數年之艱辛，披沙瀝金，編輯出版這套近代名家散佚學術著作叢刊，凡一百二十册，計文學、史學、政治與法律、美學與文藝理論、民族風俗、宗教與哲學、經濟、語言文獻共八大類别。所選皆爲作者之純學術著作，無論是其見解、精神，抑或是其時代烙印，都是後輩學人可資借鑒的寶貴財富。他們出版這套叢書，意在讓世人不忘來程，知篳路藍縷之不易，爲民族文化的傳承再增薪木。

出版社的初衷，與我近年來所思所慮近似，故願略述淺見於書端，以與策劃者、編輯者和讀者共勉。

二〇一四年七月六日

改定於自安東回京途中

前言

◇王紹培

近代名家散佚學術著作叢刊是一項重大的學術工程，我接到寫這個序言的指令，誠惶誠恐多日，端的是藐予小子，何敢贊一言。

但我亦深知這是一個重温先賢大哲杰出思想成就的寶貴機會。果然，十余部宗教哲學類著述電子版到手，翻閱起來，雖然難免諸多不便，但静心瀏覽，不能不生感慨良多。這批著作全部都在民國期間出版。最早的一本是梁漱溟的究元决疑論，是商務印書館一九二三年出版的。其餘的大部分都出版在二十世紀三十年代的抗戰爆發之前。想想看，彼何時也，政局動盪不已，軍閥混戰不休，而民不聊生，但學術活動仍然頑强掙扎，開展得如火如荼，且學術質量之高，令人驚訝。

所謂學術質量之高亦不是我輩來信口雌黄。事實上，對於這些前輩學人及其成就，學界早有定評。例如，梁啓超（一八七三年—一九二九年）被公認是清朝最優秀的學者，是一位百科全書式的人物。最難以想象的是在他五十六年的短暫生命中，既積極投身從事大量的政治活動和社會活動，又能在哲學、文學、史學、經學、法學、倫理學、宗教學等領域均有建樹，這是怎麽做到的？曾經看見一則逸聞，説梁啓超每天必打八圈麻將，寫八千字文章，他不少文章是邊打麻將邊口授的，簡直神乎其技了，但不知道真假。本叢書收録的梁啓超的中國學術思想變遷史（商務印書館一九二六年出版）被學人贊許之爲「中國學術史上的垂範之作」。梁啓超在經過革命失敗的過程之後，痛定思痛，得出的教訓是要高度重視學術思想，他說：「學術思想之在一國，猶人之有精神也，而政事，法律，風俗，及歷史上種種之現象，則其形質也。」梁啓超認爲，有新學術思想，就會有新國民，有新國民，就會有新國家新世界。從梁啓超的論述可知，他對哥白尼、培根、笛卡爾、孟德斯鳩、盧梭、富蘭克林、瓦特、亞當·斯密、達爾文等等思想家瞭如指掌。他極爲看重思想言論自由，他認爲「春秋末及戰國」爲中國學術思想的「全盛時代」，而追溯所以致盛的原因，「思想言論之自由」爲其中一個重要的方面。其餘諸多因素，除了「由於蘊蓄之宏富也」與歷史積累有關，其他「社會之變遷也」、「交通之頻繁也」、「人材之見重也」、「文字之趨簡也」、「講學之風盛也」，也都跟社會自由有很大的關聯。現在的年輕人有時或者會覺得清末民初的人物都是老古董，但看看梁啓超就知道，他的思想之新銳先鋒不在現在很多人之下。正因爲梁啓超把學術思想看得如此之重，因此，該書欲總結中國固有學術思想之得失，以西方文化參補之，從而恢復上古與中古時代「我中華第一也」的學術「最高尚最榮譽之位置，而更執牛耳於全世界之學術思想界」。百年之後，看見這樣的雄心壯志，真是讓人唏噓不已。

再如錢基博先生。現在的讀者如果知道錢基博大概多是因爲錢鍾書的緣故，但錢基博先生本身就是碩學鴻儒，父子同爲大師，此等情形較爲罕見。四書解題及其讀法（商務印書館一九三一年出版）亦是錢基博的代表作之一。四書是儒家傳道授業的基本教材，亦是儒學的重要原典。錢基博說他在四十歲時遇見梁啓超，梁啓超送他一本要籍解題及其讀法，他有不同看法，於是成就四書解題及其讀法一書。錢基博的四書解題，回到朱熹的「大語孟中」的次序，所謂「不先乎大學，則無以提綱挈領，而盡語孟之精微；不參之論孟，則無以融會貫通，而極中庸之指趣」。或則，「先讀大學，以立其規模，次及語孟，以盡其蘊奧，而後會其歸於中庸；蓋以爲學之程序，而第其書之先後也」。衆所周知的是，錢基博不是那種關門閉户死讀書的腐儒，而是心憂天下的君子。就在該書的序言裏，他亦不忘表露初衷：「今四十歲，飽更世患，民治革政，共而不和，争民施奪之既久，寖尋以至今日，又見有專無制，哀哉耗已！末法披昌，人將相食！窮則反本，紬温故書，然後知聖人憂世之情深，仁民之道大也！繕寫既定，而爲考鏡原流，發明指意，於文章典籍之中，得其辨名正物之意，庶幾尼山正名之意云爾！」在錢基博這樣的學人眼裏，做學問跟憂世仁民大有關聯。

這些學者當中，無疑以梁漱溟（一八九三年—一九八八年）的世俗名氣爲最大，在現當代中國歷史上，梁漱溟是一位罕見的絶不阿世媚俗的有風骨的文人。梁漱溟自謂：「我自十四歲進入中學之後，便有一股向上之心驅使我在兩個問題上追求不已：一是人生問題，即人活着爲了什麽，二是社會問題亦即中國問題，中國向何處去……總論我一生八十餘年（指十四歲以後）的主要精力心機，無非都用在這兩個問題上。」梁漱溟曾經兩度自殺，可見其苦悶至深。一九一六年，二十三歲的梁漱溟即寫成究元決疑論，在東方雜誌連載，引起轟動。正因爲是書，二十四歲的梁漱溟被蔡元培校長延聘，進入北大教授印度哲學。關於究元決疑論之緣起，梁漱溟説：「於爾所時，舊執既失，勝義未獲；憂惶煩惱，不得自拔。或生邪思邪見；或縱浪淫樂；或成狂易；或取自經。如此者非財寶事物之所得解，唯法得解……所謂佛學如實論與佛學方便論之二部，前者將以究宣元真，今命之曰『究元第一』；後者將以決行止之疑，今命曰『決疑第二』。世之所急，常在決疑，又智力劣故，不任究元，以是避諱玄談，得少爲足。且不論其所得爲似爲非。究理而先自畫，如何得契宇宙之真？不異於立説之前，自暴其不足爲據。欲得決疑，要先究元。」所謂「究元」，亦即「佛學如實論」，探討宇宙本體問題，揭示佛法的核心教義乃爲「無性」，「無性」亦即「無自性」，世間萬事萬物皆是因緣和合，並無自體自性，如斯則從根本意義上省悟宇宙人生之真相。所謂「決疑」，亦即「佛學方便論」，討論現象界的問題，以究元所得的佛法宇宙人生真諦來認識和指導現實的社會人生。「究元」是佛教立場的本體論，「決疑」是建基於佛教之上的人生觀。欲得決疑必先究元：先解決本體問題，則人生問題就好順勢而爲。值得一説的是，五四時期，中國學術界跟國際社會基本接軌，信息傳遞大體同步。例如，古斯塔夫·勒龐（彼時譯爲魯滂）的各種學説都被悉數譯介，如新物質論甫一翻譯，即被梁漱溟消化，以兹與佛家性空學説參觀對照，按照勒龐的説法，以太是宇宙的本體，以太的「渦動」即爲物質，「渦動」停止物質消滅的過程中派生各種「力」，「力」是同一物的不同形式。梁漱溟認爲以太跟佛家的如來藏或阿賴耶相類似，「渦動」相當於忽然念起，「此渦動便是無明」。除此之外，梁漱溟對各種西方哲學瞭如指掌，例如，他以康德的現象與「物如」（物自體）之分，休謨的不可知論，來印證佛家元哲學之三義：「不可思議義，自然(Nature)軌則不可得義，德行(Moral)軌則不可得義。」復以叔本華的盲目衝動和意欲之説，柏格森的生命哲學來論證「人生基本是苦」的結論，唯有以佛法爲精神支柱，方能安穩自我，清静自守。

相對來説，馮承鈞先生（一八八七年—一九四六年）鮮爲人知。馮承鈞早年留學比利時，後赴法國巴黎大學，主修法律。一九一一年獲索邦大學法學士學位。續入法蘭西學院師從漢學家伯希和。馮承鈞歸國後，曾任北京大學歷史系教授、北京師範大學歷史系教授。馮通曉法文、英文、比利時文、梵文、蒙古文、阿拉伯文、波斯文，兼及古回鶻語、吐火羅語和蒙語八思巴字，並精通中國史籍，在歷史學、歷史地理學、歷史語言學和考古學等方面都有較深的造詣，在史地研究考證方面卓然成家。馮承鈞畢生研究中外交通史和邊疆史，著譯既多且精，是民國時代重要的中外交通史家。馮承鈞從金石書畫以及方誌内裒集了元代的白話聖旨碑，成爲一書，此即元代白話碑，概述元朝白話碑文的歷史背景，並對於元代白話語法加以研究討論。關於歷代求法翻經録，馮承鈞在其叙言中説：「求法傳經二事之重要，已爲西方學者所共知……第此種史料，多散見於釋藏傳記譜録之中。初學不易尋檢。余不敏特爲鳩集舊文，參以新證，凡關於求法翻經之事，皆撮録其要……彙爲一編，名曰求法翻經録。」由此可知，該書是一本資料薈萃之編。

另有兩位不大爲後人所知的學者。一位是江恒源（一八八五年—一九六一年）。江恒源是一位教育家，他的中國先哲人性論是作者一九二四年用八十天的時間寫成的專著，將先秦到明清之際的諸多先哲跟人性有關的觀點、思想娓娓道來。作者認爲，總體來説，中國哲學的起源，和歐洲有點不同。歐洲哲學以「求知」爲出發點，中國哲學以「利行」爲出發點。歐洲人説「哲學起於驚異」，而中國哲學一切以現實認識爲根據……這幾句話要言不煩，道破中西哲學之差異。另一位是熊寥（一九〇二年—一九八三年）。一九三一年，熊寥留學美國華盛頓州立大學，獲經濟學博士學位，回國後任國民黨中央政治會議經濟組專門委員。一九三九年出任沅陵税務局局長。一九四〇年冬掛冠歸里，應聘爲三民中學教務主任。熊寥一生著述頗豐，著有墨子經濟思想史、晚周諸子經濟思想史、江西省財政概況、湖南省財政概況等。其中，晚周諸子經濟思想史算得上是中國經濟史的奠基之作之一。該書綜述道儒法墨四家的經濟思想，同時對百家思想多有論略。

另外三位先生，湯用彤（一八九三年—一九六四年）、朱謙之（一八九九年—一九七二年）、蔡尚思（一九〇五年—二〇〇八年），知名度不大不小，但其實都是極具分量的重要學者。一般認爲，湯用彤是現代中國學術史上少數幾位能會通中西、接通華梵、熔鑄古今的國學大師之一。他的竺道生與涅槃學是其重要的學術著作之一。竺道生是東晋時期的著名高僧，是鳩摩羅什的弟子。竺道生認爲那些斷了善根的人也可以成佛，他又主張頓悟成佛，這些都不是主流的觀點。竺道生是東晋最著名的涅槃學者，他把作爲精緻哲學形態的般若學和粗俗的成佛説教結合起來，着重闡發涅槃佛性説，認爲「真空妙有」契合無間，開創佛教一代新風，因此被尊爲「涅槃聖」。朱謙之是二十世紀著名歷史學家、哲學家和東方學家，亦有「百科全書式學者」的美譽。他年輕時曾經短暫出家爲僧，後來發現，佛教不能實現自己的夙願，因此跟佛門斷絕關係。他主張宇宙人生是一股真情之流。他的中國思想對於歐洲文化之影響（一九四〇年出版）一書的寫作，歷時五年，他自認爲是「最細心結撰的一部著作」。朱先生認爲，東西文化各有其自身的歷史特徵，但是，這並不妨礙它們同時通過各種途徑接受、吸納對方的影響。在十七至十八世紀，中國哲學文化給予歐洲思想界的影響歷歷可數。在十六至十七世紀則以來華的耶穌會士爲媒介，中國哲學文化特別是孔子哲學被廣泛譯介到歐洲大陸，成爲歐洲理性時代來臨的外來思想條件。東西文化的相互影響、接觸，給世界文明帶來了强大的推動力。朱謙之先生的這部重要的著作，對於研究中西方文化史的後來學者，仍然是一座繞不過去的學術高峰。蔡尚思先生是哲學家，亦是中國思想史專家。他出版中國三大思想之比觀一書時是二十八歲，寫成則是二十四歲，而在此前的二十一歲時，他就寫成了研究孔子哲學、老子哲學和墨子哲學的專著。所謂中國三大思想，指的是老孔墨三家。蔡尚思先生將三家思想的方方面面比較對照，細緻而又周全。例如，他認爲老子是藝術的，墨子是功利的，孔子則介乎兩者之間；老子以死天爲主，活人法死天，無爲自然；孔子以天鬼爲名，以君王爲實，視天子嚴君如天帝鬼神；墨子以活天爲主，視死天如活人，兼愛交利……這些比較十分具體，發人深省，後之學者反而不做如此細緻的功夫了。

即使是非常粗略地瀏覽民國學人的著述，也不難發現一點，這些學者何以在年紀輕輕時就已經開始著書立説，而且水準頗高？我們站在新中國的立場回望，覺得彼時天地之舊，但如果他們站在辛亥革命之後前瞻，或許看見的全是風物之新。因此，當時的人或者滿是志氣，要在新天地有所作爲。及至戰亂迭起，他們更是堅定了文化返本開新的决心。從教育的角度來説，當時的精英教育使能够接受教育的人都是英才，而這些教育英才的人和英才自己也都非常珍惜機會，所以成才率顯然比今天高。中外學術思想交流的順利和及時，也是民國學術思想繁榮的一個原因。我們看梁漱溟等人的書，不難發現他們對國外各種思想潮流都瞭如指掌，各家各派的學説都被拿來爲我所用。當然，學術思想的相當自由也保證了這些學者在著書立説時，較少外部顧慮，一心把書寫成、把文章做好就對了。這些其實遠遠不算完美的局面，仍然因爲日本人的侵略而被打斷，内戰的影響也顯而易見。及至新中國建立，學術範式、語言、議題、旨趣等等完全轉型，一個時代就這樣結束了。

因此，今天我們重温民國學人的思想，除了瞻仰他們曾經到達的思想高度之外，也是順便看看，學術思想在一種相對自然而正常的情況下，可以呈現出一種怎樣的風貌，結出怎樣的碩果，而於我們中國人會有怎樣的信心跟鼓勵。值得慶幸的是，二十世紀八十年代開始，我們又回到了一個總體來説學人可以有所作爲的環境中，至於新世紀的學人可以取得怎樣的成就，在很大程度要看個人自己的努力和争取了。

作者簡介

蔡尚思（一九〇五年—二〇〇八年），號中睿，生于福建省德化縣潯中鎮詩敦村。歷史學家，中國思想史研究專家。歷任上海大夏大學講師，復旦、滬江、光華、東吴大學和武昌華中大學、無錫國專教授，滬江大學副校長、代校長，復旦大學歷史系主任、副校長、顧問。

中國三大思想之比觀序例

中國思想界之有老孔墨三大家也，亦無以異於鼎之有三足也。鼎而不有三足，則無以立矣；亦猶中國思想界，而不有三大家，則無以成矣。吾自少卽治孔學；而對於老墨二家，亦曾經長時間之研究，故在三年前，已有：孔子哲學之眞面目，及老子哲學之人生觀，墨子哲學之人生觀三部（原爲一書）之作。其孔子哲學之眞面目一稿成後，曾經諸師友傳觀，並各有所是正，早欲提出於北大研究所國學門；惟因近一二年來，學校忙於改組，中間無形停頓，（由北大而改爲京大，由京大而改爲中華大學至今北平大學。）迁延至今，尚無有正式發表之機會！吾已不能再候，擬于日內，自行付印；而將此最近所作而較簡單之本書，先行出版；一俟諸書發表之後，將此與彼，合而觀之，則三大家之思想，將盡在於斯矣。

古代之學術論文，如：莊子天下篇荀子非十二子篇……淮南子要略，司馬談論六家要旨，漢書藝文誌（劉歆七略）……等；或舉一而廢百，或泛濫而不得其要領，……加以無系統之組織，竟使後人讀之，仍難甚爲了解；卽如後人所作之書，亦尙有未能使人滿意者：以其系統仍未甚明，組織仍未完善也。作者對於此點，特加注意！每雖作一大部之書，而其首尾呼應，聯絡一氣，亦無以異於一小篇文也。若吾向所作之老墨二部，庶幾有焉；而孔子一部，尙屬次之，若本編體裁，亦出於自創，不獨未聞於古；卽在於今，亦所罕見。此係先作一「比較表，」而附一「比較論，」於後，以一比較表配一比較論，所有之比較表與比較論，如既閱畢：，則其整個的面目，即盡出現。而前之「比較表，」在乎提要：，其後之「比較論，」在乎詳細說明：，而其所以須說明，而又必詳細者：蓋欲用以見吾所言之確有證據，而非妄自臆說者所可比也：，且于學者，而非用此，亦莫由使之切實明瞭，是以重之。至其有次序處，如：由天與人而人與物，由人與物而人與己，由人與己而身與身外物：，……由老而孔，由孔而墨之分述，而後比而觀之，以終篇焉，此先分後合也：，而先合後分者亦有之：，……其有次序，已可想見。又如本編每提出一公共問題，而使三家齊集於其上，凡有比較之價值者，皆取而比較之，（但吾既係研究哲學思想者，對於此篇自亦以哲學思想為主要。）如有問題之相近而不甚相同，或尚非某一表所能盡其意者，則再附一表：，如一表側重乎觀孔老或孔墨之相近，則其餘一表多側重乎觀老墨之相反；一簡一詳者有之，一廣一狹者亦有之，……其表如此，而論亦然。此言其大略也。吾甚願學者能依本編之法，將中國或世界一切思想，以及其他，一一爲之比觀，著爲比較的專表與專論。而吾更望學者能因此，而想出更妙之體裁，以便於此後之作書者，而此後之讀書者亦受其賜矣。

其餘詳在本書篇首及篇末，茲可毋喋贅焉。

十八年四月一日德化蔡尙思誌于南京

中國三大思想之比觀目錄

篇末

註——每一比較表，附一比較論，「比較表」提要於前，「比較論」註明於後。

中國三大思想之比觀

篇首

論中國之學術，當首推先秦諸子；論先秦諸子之思想，當首推老孔墨三大家；此乃學者所共知而公認者也。學者於是遂欲比較研究之焉；然而作有專表者，截至此時止，尚未之聞；卽諸關於先秦諸子思想之著作，其書中附有整個的比較表，或部分的比較論者，亦不多見。間若梁著中國古代學術思想變遷史中之先秦南北兩派，及孔老墨三宗二表；李著人生哲學卷上中之老孔墨三大思想家一比較表，可謂彰明較著者矣。先看梁表，再及李表。梁任公先生曰：「今請据羣籍，審趨勢，自地理上，民族上，放眼觀察，而證以學說之性質，製一先秦學派大勢表如左：

- 先秦學派
  - （一）北派
    - （甲）鄒魯派（北派正宗）孔子 孟子 荀卿 及其他儒徒
    - （乙）……
    - （丙）……
    - （丁）宋鄭派（北南派）……墨翟宋牼及其他墨徒
  - （二）南派
    - （南派正宗）老子 莊子 楊子 列子 及其他老徒
    - ……

……今請兩兩對照比較，以明其大體之差別，列表如下：

北派崇實際	南派崇虛想
主力行	主無爲
貴人事	貴出世

明政法	明哲理
重階級	重平等
重經驗	重創造
喜保守	喜破壞
主勉強	明自然
畏天	任天
排外	無我
貴自強	貴謙弱

謹按：梁先生因中國有黃河長江兩大流域，而分先秦諸子為南北兩大派別，視諸莊子天下篇，荀子非十二子篇，……司馬談六家要旨，劉歆諸子略，（即漢書藝文志諸子略）……可謂較為簡括矣：雖然，如其以北派

之眞精神爲「崇古之念重，……排外之力强，則古昔，稱先王，內其國，外夷狄，重禮文，」是亦有未盡合之處：所謂「排外之力强，……內其國，外夷狄，重禮文」者，此惟有儒家爲然耳；如其所認爲北派中之墨家何嘗如是？且甚痛斥之！卽其以北派爲「崇古念重，……則古昔，稱先王，」此亦須加以條件的說明，方免令人誤會！不然，則吾試問儒墨所言之堯舜禹古，豈若老子所復之古黃帝以前哉？老子之古，非在孔墨以前乎？梁先生因又舉南派之眞精神，以對之曰：「發達較遲，……平階級，輕私愛，厭繁文，」此處所謂「平階級，」吾亦以爲如北派之墨子，殆亦無大階級之足云，惟或者較不如道家耳！若「輕私愛」一語，吾更以爲在先秦諸子中，實當首推所謂北派之墨子，道家之相去猶甚遠也！如其所謂「厭繁文」者，亦爲道墨所同，惟各異其所以然耳！（詳後）於此吾不能不嘆過於呆板的比較法之失當矣！卽若其以南派為「發達較遲」一語，亦非加以相當條件以說明之不可！如先秦諸子之最首出者，非其所謂南派之老子乎？他如：表中所謂北派畏天，亦須就孔墨二家分別觀之，（吾說另詳）方無大過。又其以墨子為宋人，因又謂為北南派，如其言曰：「墨子生於宋，宋南北要衝也，故其學於南北各有所採，而自成一家言。」此實未見其必然；況梁先生之在他處——墨子學案——又謂：「墨子魯人之說，當為近眞。」是何前後所說之不同哉？則其在此表所謂墨子為宋人，而近於南者亦非矣！再如：右表上列北派主力行，主勉强，貴自强三者，其實一也；其下列亦然，似無細分之必要。但如梁作南北二派比較表，就其大體上言之，尚無極大不合之處；吾所論者，欲作更進一步之研究耳！

……孔老分雄南北，而起於其間者有墨子焉，墨亦北派也，顧北而稍近於南，……故全盛時代之第二期，以孔老墨三分天下，……直至此時代之終，其餘波及於漢初，猶有鼎足爭雄之姿，今爲三宗表，示其學派勢力之所及如下：

- 三宗
  - 孔學
    - 小康一派
    - 大同
    - 天人相與
    - 心性
    - 考證
    - 記纂
  - 老學
    - 哲理一派
    - 厭世
    - 權謀
    - 縱樂

墨學
- 神祕
- 兼愛 一派
- 游俠
- 名理

按此表就範圍方面言，既就六派而縮小爲三宗；就內容方面言，又就兩派而詳分爲三宗；論理似宜較有當於前表矣！然亦未盡然：如其於墨學分兼愛與游俠爲二，吾則以爲後之游俠，實出於兼愛，殊無分而爲兩之必要。於老學分厭世與縱樂爲二，吾亦謂此種界限，似不易分。至於孔學中之小康與大同二派，吾更謂爲康門私見，殊少根據。吾嘗論之云：

按大同說獨出於禮記，太平世最詳於董何，禮記非若論語，董何非若孟荀，禮記與論語雖皆出於他人，而非孔子親筆者；然論語前而眞，禮記後而雜也。董何與孟荀雖皆後於孔子之人；然孟荀近，而董何遠也。故若禮記董何之說，雖不能完全否認，亦未便完全承認也；況古今人如：呂東萊朱晦庵胡明仲李邦直吳虞陳獨秀梁漱溟諸先生，對於禮運大同說，皆極懷疑；而當代之治孔學，信孔敎者多矣！計其言及大同說者，除康派外，殆未有聞。而吾觀盡儒書，亦未見其有如禮運所載者！孔子如極重視大同，必不致僅見於不可根據(?)之禮記中，大氐可言：孔子無大同之說；卽有亦不重視矣！而今康氏必欲證明而確據之，毋乃如韓非所謂非愚則誣乎：「無參驗而必之者愚也，弗能必而據之者誣也。」毋乃如戴震所謂誣聖與欺學者乎：「舍聖人立言之本指，而以已說爲聖人所言，是誣聖；借其語以飾吾之說，以求取信，是欺學者也。」

故吾以爲在孔學中，實無大同小康二派之可分！如欲分之，適足以見其反大同而爲小康耳！然此枝葉問題，請卽停止討論。而今梁表，既僅就三家之在中國所有派別大概情形而分觀之，其與吾今之欲切實比較三家思想者，自少關係；較有關係者，其如李表乎！李石岑先生曰：「現在請就……老孔墨三大思想家的重要不同點，表說如次：」

	我的看法					夏曾佑的看法
老子	專重藝術	人物一體	天無意志的	主復命	宇宙觀	於鬼神術數一概不取
孔子	注重功利 兼重藝術	人貴物賤	天的意志有無不明的	主知命	倫理觀	留術數而去鬼神
墨子	專重功利	人物各別	天有意志的	主非命	宗教觀	留鬼神而去術數

按夏曾佑先生，曾「推論老孔墨三大宗教之亡之不能大，」已見駁於李先生，李先生駁之是也！吾可無言矣。至夏先生如右表所分者，則李先生固以爲：是「無可非難的事實。」雖似乎無可非難哉！但亦難免過於籠統，人終莫明其妙矣！若李表者，其殆庶幾乎！但吾仍認爲太籠統，且欠完備，無以使讀者，切實明瞭。吾向曾作有三大思想家之比觀一篇，茲特再加以嚴密的組織，使之成爲極有秩序而且完全之比較表，並附以極詳細的說明書，以便學者。確實認識三大思想家之眞面目，而作比較表中之比較焉。

第一表　天與人

老子	以死天爲主，使活人法死天——無爲自然……
孔子	以天鬼爲名，以君父爲實，視天子嚴君如天帝鬼神。

墨子	以活天爲主，視死天如活人——兼愛交利……

或

老子	靜物或植礦物化的人生：即動物而靜物化，牡性而牝性化，老年而童年化，智人而愚人化，有身而無身化。……
孔子	天鬼式的君父，君父的人主教。
墨子	君父式的天鬼，天鬼的神主教。

（老子說明）老子之言曰：「人法地，……天，……道，……自然。」二五「天之道，利而不害；聖人之道，爲而不爭。」八一「上善若水。」八「上德若谷。」四一「江海所以能爲百谷王者，以其善下之。」六六「天下莫柔弱於水，而攻剛强者莫之能勝。」七八「譬道之在天下，猶川谷之在江海。」三二「爲天下谿，……爲天下谷。」二八「豫兮若冬涉川，……渙兮若冰之將

釋，……曠兮其若谷。」十五「澹兮其若海。」二十「三十輻，共一轂，當其無，有車之用，埏埴以爲器，當其無，有器之用；鑿戶牖以爲室，當其無，有室之用。」十一此非活人而死天化，或動物而靜物化歟？其曰：「知其雄，守其雌。」二十八「牝常以靜勝牡，以靜爲下。」六十一「元牝之門，是謂天地根。」六此非牡性而牝性化歟？其曰：「含之厚，比於赤子；……物壯則老，謂之不道，不道早已。」五十五「我獨泊兮其未兆，如嬰兒之未咳。」二十此非老年而幼年化歟？其曰：「衆人皆有餘，而我獨若遺，我愚人之心也哉！……衆人皆有以，而我獨頑且鄙」二十「古之善爲道者，非以明民，將以愚之。」六十五此非智人而愚人化歟？其曰：「吾所以有大患者，爲吾有身；苟吾無身，吾有何患！」十三「天地所以能長且久者，以其不自生，故能長生；是以聖人後其身，而身先，外其身（猶忘其身也）而身存。」七「夫唯無以生爲者，（不以生爲生也）是賢於貴生。」七五「常使民無知無欲。」三 此非有身而無身化歟？梁任公先生亦頗有見及於此，如其言曰：「道家以人類與馬及埴木同視。」（見莊子馬蹄篇）「道家之大惑，在以人與物同視」「彼宗教不體驗人生以求自然，乃以物理界或生物界之自然例人生之自然，於是欲以人所能引之道引人，結果處處矛盾，而言之不復成理。」（思按：梁氏曾謂老子反自然，殊屬誤認！吾著老子哲學中，已詳駁之矣。）『其病仍在：混人物爲一談，吾儕爲金耶，（大宗師）爲木耶，（人間世）誠宜如此；雖然，吾儕人也，使人性果能爲莊子所謂「祥金」與不材之木，亦曷嘗非善事？然而不能。』「老子教人如嬰兒，莊子教人「支離其形，支離其德，」如祥金，如山木，愼子更澈底一番，教人如土塊，」「非生人之行，」而至死人之理，」其意蓋必撤銷所謂人格者，以合乎

「無知之物，」然後乃與自然相肖。換言之，則不爲人的生活，而爲物的生活。更進一步，則不爲生活的，而爲非生活的而已。」（先秦政治思想史）梁氏此評，可謂詳矣！

（孔子說明）關於吾所謂儒家之鬼神化的父母一節，請引胡適之先生之言爲證，曰：「宗教家要人行善，又怕人不肯行善，故造出一種人生行爲的監督，或是上帝，或是鬼神，多可用來做人生道德的裁制力。孔子是不很信鬼神的，他的門弟子也多不深信鬼神，（墨子常說儒家不信鬼神）所以孔門不用鬼神來做人生的裁制力；但是這種道德的監督，似乎總不可少！於是想到父子天性上去，他們以爲：五倫之中，父子的親誼最厚，人人若能時時刻刻想著父母，時時刻刻惟恐對不住父母，便決不致做出玷辱父母的行爲了！所以儒家的父母，便和別種宗教的上帝，鬼神一般，也有裁制鼓勵人生行爲的效能。如曾子的弟子樂正子春說：……（祭義）人若能一舉足，一出言，都不敢忘父母，他的父母便是他的上帝鬼神，他的孝道便成了宗教。」（中國哲學史大綱）吾意若更明而言之：如儒家每以自身爲父母之遺體；則父母又爲已成鬼神的祖宗之遺體，吾人亦不難想見。何者？「人本乎祖，」而吾輩子孫又爲父母之化身；則父母實爲上承祖宗下出子孫之中心機關，欲不見重，豈可得哉？（參看孝經及禮記等）至其天帝化的天子一節，大氐亦與此相同，如大戴禮虞戴德篇曰：「父之於子，天也；（董仲舒亦曰「父者子之天也」）君之於臣，天也；有子不事父，有臣不事君，是非反天而倒行耶？」他若左傳箴尹曰：「棄君之命，獨誰受之，君天也，天可逃乎？」（宣五年）辛曰：「君討臣，誰敢讎之？君命天也，若死天命，將誰讎？」（定四年）

此已可想見當時以君爲天之大概矣！蓋儒家大有：以家爲一小國，（國天下）以國爲一大家，以父爲一家之君，以君爲一國之父之概！而君尤重大於父，亦自可想而知矣！如曰：「爲父斬衰三年，以恩制者也；……資於事父以事君而敬同，貴貴尊尊，義之大者也！故爲君亦斬衰三年，以義制者也。」（禮記喪服四制，大戴本命。）「天子之與后，猶父之與母也。」（冠義）可知至少亦以君父二者同一重視。吾述至是，請連帶而一談「儒家法象之得失。」如繫辭傳云：「古者庖犧氏之王天下也，仰則觀象于天，俯則觀法于地，觀鳥獸之文，與地之宜，近取諸身，遠取諸物，於是始作八卦，以通神明之德，以類萬物之情，作結繩而爲罔罟，……蓋取諸離。（䷝）……斲木爲耜，揉木爲耒，……蓋取諸益。（䷩）日中爲市，……蓋諸取噬嗑。（䷔）……垂衣裳而天下治，蓋取諸乾坤。刳木爲舟，剡木爲楫，……蓋取諸渙。（䷺）服牛乘馬，引重致遠，……蓋取諸隨。（䷐）重門擊柝，以待暴客，……蓋取諸豫。（䷏）斷木爲杵，掘地爲臼，……蓋取諸小過。（䷽）弦木爲弧，剡木爲矢，……蓋取諸睽。（䷥）……宮室……蓋取諸大壯。（䷡）……棺槨蓋取諸大過。（䷛）……書契……蓋取諸夬。（䷪）其餘可看各本卦之象辭，此等尙屬有理（？）而在得之一方面者也。至其所謂：「坤至柔，……至靜，……後得主而有常，……坤道其順乎！承天而時行，……臣弑其君，子弑其父，……由辯之不早辯也，……陰雖有美含之，以從王事，弗敢成也。地道也，妻道也，臣道也，地道無成，而代有終也。」坤卦文言「乾天也故稱乎父，坤地也故稱乎母。」說卦「男帥女，女從男，……婦人從人者也，……夫也者，以知帥人者也。」禮記郊特牲「男先乎女，剛柔之義也；天先乎地，君先乎臣，其義一也」同上吾乃今而後知中國盛行：「重男輕女，」「夫唱婦隨，」以及「君貴臣賤」……一類之片面說者，蓋由於儒家之取法天地也諸猶以儒家為講男女夫婦……平等者，盍少察於茲乎？彼又嘗以為：「天子之與后，猶日之與月，陰之與陽。」冠義「天無二日，土無二王，國無二君，家無二尊，以治之也！故父在，為母齊衰期者，見無二尊也。」喪服四制此以王后比日月，以國君家父比天日者也。甚至有「天有十日，自甲至癸人有十等」自王至臺之說，左傳昭七年謂非法象之失而何？而後來之董仲舒，又進一步，而大倡其「天人同形說，」如人副天數諸篇，以一人身，比於天地，日月，山川等形，無一不象，至為可笑！此屬於無理而在失之一方面者也。儒家從來側重於此失之一方面；至於得之一方面，則極少注重；是以物質科學方面之發明進展，終未之聞；惟有此種無甚價値的形式方面云。(？)

(墨子說明)墨子之言曰：「天必欲人之相愛相利，而不欲人之相惡相賊也。……故曰：愛人利人者天必福之，惡人賊人者天必禍之。」(法儀)「然有所不爲天之所欲，而爲天之所不欲，則夫天亦且不爲人之所欲，而爲人之所不欲矣！」(天志中)「且夫天之有天下也，辟之無以異於國君諸侯之有四境之內也；今國君諸侯之有四境之內也，夫豈欲其臣國萬民之相爲不利哉？……夫天之有天下也，將無以異此。」(同上)「夫既上同乎天子，而未上同乎天者，則天菑將猶未止也。」(尙同中)此之謂視死天如活人，天子式的天帝。其曰：「天下亂，……則皆以……不明乎鬼神之能賞賢而罰暴也，若使天下之人，皆信鬼神之能賞賢而罰暴也，則夫天下豈亂哉？」（明鬼下）「鬼神之明智於聖人也，猶聰耳明目之與聾瞽也。」（耕柱）此之謂聖人式的鬼神。夫天子聖人，皆活物中之最明智者也！而天帝鬼神之聰明，且有過之。墨子之天鬼教蓋如此。

（三家總說）謝无量先生曰：「儒墨並敬鬼神，……其同一也；儒墨並言天，其同二也。」（中國哲學史）爲此說者，只見其外形，而尚未見其內實也。梁任公先生曰：「墨子的天，和老孔的天，完全不同：墨子的天，純然是一個人格神，有意志，有感覺，有情操，有行爲，所以他的篇名叫做天志。」（墨子學案）此其就墨子與老孔比較而言，甚是！惟在老孔之中，尚有分焉；惜亦未之詳也。李石岑先生曰：「孔墨二家皆以天爲極則，主張以人法天；老子便不然：老子不以天爲極則，故主張以天法道，這也可以看到三家對於天的觀念之不同。」此更失之遠矣！墨子固「以天爲極則，主張以人法天」者；而老子之「以天爲極則，主張以人法天，」試問何所見其後於墨子耶？惟當分別言之耳：老子之天，死天也，死天者無爲自然也，墨子之天，活天也，活天者兼愛交利也；至其「以天爲極則，主張以人法天，」則一而已矣。關於墨者，茲姑勿論；而老子之原文云：「人法地，地法天，天法道，道法自然。」此雖有地，天，道，自然之異名，其實一也：地亦卽天，天亦卽道，道亦卽自然；地也，天也，道也，皆自然也；李先生如不吾信，而必欲嚴分地，天，道，自然爲四物：自然則非道，道則非天，天則非地；地也，天也，道也，皆非自然也；則吾試問：老子又何必終日講地，講天，講道乎？彼既講地，天，道，則三者之特性爲何耶？如無其特性，尙有何足多耶？如另有其特性，則亦適足以見其爲雜耳！他人之道，猶不若是其雜；何況老子乎？老子之道，「淸一色」也：如自然，無爲二者一也一類是已。如前所引老子之言：「天長地久，……是以聖人，……」「天之道，……聖人之道，……」以及其所言之：「天得一以淸，地得一以甯，……侯王得一以爲天下貞。」三九此非「以天爲極則，主張以人法天」之明證乎？而其往往以地與天並舉而言，是地之同於天亦明矣！至其所謂「道」者，多不勝舉，大氐皆不出乎無爲自然一類之外。未悉李先生尙以爲然否？

於是吾得總而言之曰：在老子心目中之天，是無意志的，無知覺的，吾故謂爲死天；在墨子心目中之天，是有意志的，有知覺的，吾故謂爲活天；儒家以君父當作天鬼，（？）吾故謂爲君父敎；墨子。視天鬼如君父，吾故謂爲天鬼敎。換言之，若以天道與人事之二方面而言：則老子多談天道而少講人事；孔墨多講人事而少談天道；但亦有辨：豈但老子談天？墨子不更常作「天」之談乎？曰：老子談天，談玄理之一方面也；墨子談天，談迷信之一方面也；故一爲哲學家，一爲宗敎家，此其當辨者也。再就孔與老言：則儒家之荀子自言曰：「道，仁之隆也，……非天之道，非地之道，而人之所以道也。」孔子亦曰：「修道以仁，仁者人也。」而其譏道家之莊子曰：「莊子蔽於天，而不知人。」老子亦曰：「人法……天」此亦孔子言人道，老子言天道之一明證也。

第二表　人與物

老子	人物一體
孔子	人物差等（以性情或精神論）
墨子	人物異類（以生理或形式論）

補

老子	人物絕對平等，絕對自由。
孔子	非獨物也，即人亦不平等不自由。
墨子	雖尚平等，而不自由。

（老子說明）老子嘗曰：「聖人無常心，以百姓心爲心，善者吾善之，不善者吾亦善之，德善；信者吾信之，不信者吾亦信之，德信；聖人在天下歙歙，爲天下渾其心，聖人皆孩之。」四九「是以聖人常善

救人，故無棄人；常善救物，故無棄物。」[72]人類中之人已，萬物中之人物，並其善惡，一無所分，既如此矣；而彼更倡其元同主義曰：「……和其光，同其塵，是謂元同，故不可得而親，不可得而疏。不可得而和，不可得而害，不可得而貴，不可得而賤，故為天下貴。」[56]又若彼宗動輒言天下，言萬物，亦其能「廣視」「一視」之一證也。視諸儒家之計較人物，與人已者，不可同日語矣！如梁漱溟先生等輒謂孔子極端的不計較者，何不來此一察乎(?)但此亦其自然無為……之說法也，並非用人力而實行救人救物者；後此墨子，始以人力實行「愛利萬民」矣！關於道家之「人物一體，」莊子尤詳言之；在莊子書中，尤當首推齊物論如其言曰：「天地與我並生，而萬物與我為一」。此即其論平等之一方面也，至其言自由之一方面，亦有逍遙遊一類之極力形容也！

「人物一體，」「平等自由，」惟有道家，最極端矣！（在中國方面）顧吾於此，尙當少加注明者：老子對於人情物欲，素極反對，在此方面，尙難自由，直至後來之楊子出，始大聲疾呼其任意縱欲說焉。

（孔子說明）儒家之「人貴物賤」的差等觀，係就性情或精神方面而論。如孔子之言曰：「天地之性人爲貴，人之行莫大於孝。」（孝經）「今之孝者，是謂能養；至於犬馬，皆能有養，不敬何以別乎？」（論語）此孔子之以人有孝敬，示別於犬馬者也。孟子亦曰：「人之有道也；飽食煖衣，逸居而無敎，則近於禽獸，聖人有憂之，使契爲司徒，敎以人倫：父子有親，君臣有義，夫婦有別，長幼有序，朋友有信。」「由是觀之，無惻隱之心，非人也，無羞惡之心非人也，無辭讓之心非人也，無是非之心非人也，惻隱之心仁之端也，羞惡之心義之端也，辭讓之心禮之端也，是非之心智之端也。」此孟子之以人有人倫，示別於非人若禽獸者也。荀子亦曰：「道，仁之隆也，……人之所以道也。」「水火有氣而無生，草木有生而無知，禽獸有知而無義，人有生，有氣，有知，亦且有義，故最爲天下貴也。」此荀子之以人有仁義，示別於水火草木禽獸者也。他若禮記，亦常作人禽之辨，可見儒家謂人之所以異於他物者，在其有道德禮法。……之精神方面，簡而言之，卽爲成人之一方面。但如再從另一方面以觀，則尙有其素所重視之親疏問題，以人與己同類，而物則與人異類也。此亦有類乎春秋傳所謂「內其國而外諸夏，內諸夏而外四夷」公羊者。故曰：「廐焚，子退朝，曰：傷人乎？不問馬。」論語孟子更明言曰：「親親而仁民，仁民而愛物。」儒家之人物差等觀，蓋不出上述二端。至其於人之階級觀念，如：貴賤，親疏，男女，老幼，賢愚，貧富；……一部禮記，皆是物也，雖謂爲階級史，亦不爲過；次之如春秋之言貴賤，親疏，（內外）賢愚；……易傳所言貴賤，男女……等類；有專書在，茲不枚舉。顧須知其中尤以（一）貴賤，（如君臣尊卑等）（二）親疏，（小自人親大至中外）（三）男女，三種階級，最爲嚴厲！既極不平等，亦最不自由！得自由者，惟有在上之人耳！如其所謂：「禮不下庶人，刑不上大夫。」（曲禮）「夫禮，大之由也，不與小之自也。」（注云：「大者得自由也。」大戴禮曾子事父母）其不平等自由，已可想見矣！（？）

（墨子說明）墨子之人物各別，係就形式或生理上而言，如曰：「今人固與禽獸麋鹿蜚鳥貞蟲異者也；今之禽獸麋鹿蜚鳥貞蟲，因其羽毛，以爲衣裳，因其蹄爪以爲袴履，因其水草以爲飲食，故雖使雄不耕稼樹藝，雖亦不紡績織紝，衣食之財，固已具矣！今人與此異者也，賴其力者生，不賴其力者不生，君子不強聽治卽刑政亂，賤人不強從事卽財用不足。」（非樂上）此墨子之別人於禽獸麋鹿蜚鳥貞蟲者也。其與儒家之觀察點，完全不同；至其所謂「一同天下，」（尚同）「天下無大小國，皆天之邑也，人無幼長貴賤皆天之臣也。」（法儀）是平等方面，已不待言矣；惟若自由方面，則終無可言者！

（三家總說）謂人貴物賤，人親物疏者，孔子之人物差等觀也；謂人非物，物非人，人物各不相同者，墨子之人物異類觀也；孔子謂人之所以異於物者，在其有道德禮法——成人（道）方面；墨子謂人之所以異於物者，在其應努力生利——人生（養）方面；若在老子於斯二者，皆極不以爲意。

第三表　人與己

老子	人己絕交（無關）
孔子	先己（親）後人
墨子	人我相交（反老）先人後己（反儒）

老子	不修己化人，（反儒）不捨己爲人。（反墨）
孔子	比較重己（親親）方面，內心（誠意正心修身）方面。
墨子	比較重人方面，（爲人）外行方面。（愛利）

（老子說明）老子主張：「甘其食，美其服，（有註詳後）安其居，樂其俗，鄰國相望，雞犬之聲相聞，民至老死而不相往來。」（八十）後來楊朱因此而力倡「爲我，」莊周因此而明言「相忘，」彼宗固不肯如墨子之

捨己爲人，但亦不欲如儒家之修己化人，「我無爲而民自化」謂非「人己絕交」而何？

（孔子說明）孝經聖治章孔子之言曰：「不愛其親而愛他人者謂之悖德，不敬其親而敬他人者謂之悖禮。」荀子法行篇曾子之言曰：「無內人之疏，而外人之親：……內人之疏，而外人之親，不亦反乎？」彼既以此爲悖爲反，則其所認爲順爲正者，己不難想見矣！如孟子所謂：「親親而仁民」是也。此非「先己後人」之謂歟？其曰：「君子之德，風；小人之德，草；草上之風必偃。」論語十二「修己以安百姓。」十四「不能正其身，如正人何？」十三 此非「修己化人」之謂歟？其曰：「道之以政，齊之以刑，民免而無恥；道之以德，齊之以禮，有恥且格。」又可見其以德化民，而不用法治民矣。儒家雖亦極言「愛人，然究不如對「親親」之急，此其與墨子之言愛人而不言親親，最相反對者也；又彼雖亦極言愛利，然究不如視禮敬之重，此其與墨子之言愛利而不言禮敬，最相反對者也。墨子對於天鬼，亦多言利，而罕言敬，如「上利天，中利鬼，下利人」之類是也。

（墨子說明）墨子之言曰：「即必吾先從事乎愛利人之親」「從愛人利人生。」兼愛下「損己而益所為」經上「為身之所惡，以成人之所急。」經說上「殺己以……利天下」大取此其主張先人後己，而與主張先親後人之儒家反對者也；若「兼相愛交相利」六字，即其主張人我相交，而與主張人己絕交之道家反對者也。

第四表　身與身外物

老子	重人身而輕外物——如名利天下等
孔子	名聲重於身體
墨子	公利重於自身
	重外物而輕人身（孔子、墨子）

（老子說明）老子之言曰：「名與身孰親？二八章云「知其榮守其辱」身與貨孰多？得與亡孰病？九章云「金石滿堂莫之能守」是故甚愛必大費，多藏必厚亡，知足不辱，知止不殆，可以長久。」四四此非老子之保重人身，如俗人所謂「身體貴重」然而不愛名如孔子然求利如墨子然歟？如其言曰：「故貴以身爲天下，……愛以身爲天下。」十三。猶言貴其身於天下，愛其身於天下也。「以」作「其」解，「爲」作「於」解，參看王氏經傳釋詞。章太炎所作道本，解「以」爲「用」，失之遠矣。此非老子之保重人身，而輕視天下惟有儒家，每以「貴爲天子，(名)富有天下，」(利)爲人生第一樂事。歟？

若後來之莊子，更有上述之意；而淮南子所言之：「欲一言而寤，則尊天而保真；欲再言而通，則賤物而貴身；欲參言而究，則外物而反情。」亦可以爲眞得老子之旨矣！如老子之言曰：「五色令人目盲，五音令人耳聾，五味令人口爽，馳騁畋獵令人心發狂，難得之貨令人行妨。」[十二]惟眞知所愛身者，方能出此確有經驗之談。何以效之？如今所號爲未開化之土番，其目之明視，所以每過於號稱已開化之文明人者，亦皆由於生番無五色……亂目，故目不盲；而文明人有五色……亂目，故目盲也；再如作者，向在家中，少見寡聞，所讀之書，尙不甚多，故其目亦極精明，每見諸老儒先生之患短視者，莫不竊笑之；洎乎出外，居南北二京時，終日惟書是讀，惟稿是草，於是學益進，而近視亦益深，終始不過四五年間，眼鏡之換已至三次，（此爲最速之一時期）非獨目之一項然也，其他亦多可依此推見。所謂「文弱書生」者，卽諸勞心者之求學識而致弱其身者也；而老子所言「金石滿堂，莫之能守」——范氏集注解曰：「貪財而輕命，則物在而身亡矣」——者，卽諸勞力者（？）之求財利，而致亡其身者也。可見有外物無自身，有自身無外物，愛外物之與重自身，二者往往不可得兼，此惟老子最能知之！故彼毫不遲疑而反主張「絕聖棄智，……絕仁棄義，……絕巧棄利，……見素抱朴，少私寡欲，絕學無憂。」十九「大丈夫……不居其薄，……不居其華。」三八「不尙賢，……不貴難得之貨，……不見可欲，……是以聖人……虛其心，……弱其志，……常使民無知無欲，使夫知者不敢爲也。」三「聖人……不爲目。」十二 更明而言之曰：「終身不勤，……無遺身殃；」五二「故能長生，」七「長生久視之道，」五九 夫唯無知無欲，故不勞心勞力；夫唯不勞心勞力，故能長生長命；古人之所以長壽於後人者在此；後世之談長生不老之術，而必託始於老子者亦在此；而道家者流之所以多成爲山林隱逸之士，優遊之人者，亦在乎此；夫後世日益繁華，後人日益智巧，於是爲名慾而夭其年，而亡其身者有之；爲利慾而夭其年，而亡其身者亦有之；爲色慾而夭其年，而亡其身者亦有之；……其欲愈多，其命愈短；其志愈强，其身愈危；……老子於是乎言曰：「故去彼取此。」世之講老子者，其亦有見及於此乎？

（孔子說明）孔子之言曰：「君子去仁，惡乎成名？」論語「善不積，不足以成名。」（易傳）此已可見其平日之爲仁積善，莫非在乎成名矣！如名可成，則雖殺生，亦所不惜！孔曰殺生成仁，孟曰捨身取義，皆以是故也。孔子又嘗謂：「君子疾沒世，而名不稱焉。」論語因美：

「伯夷叔齊餓于首陽之下，民到于今稱之。」（同上）此更可見其名之重於身矣！世之欲得忠臣之名而不惜殉君，欲得烈女之名而不惜殉夫……等類，皆儒家名敎之遺意也。孔子之有名敎，亦猶宗敎家之有宗敎，政治家之有政府——春秋之褒貶，亦猶宗敎之禍福，政府之賞罰；關於此點，至爲重要！吾已在孔子哲學之眞面目名之觀念一節，專述之矣！學者非參看不可。

（墨子說明）墨子之言曰：「任，爲身之所惡，以成人之所急」（經說上）「殺己以存天下，是殺己以利天下。」（大取）公利所在，犧牲自身，亦所不惜，是其旨也。俗人爭利，不出於私，墨子爲公，所以爲貴。

（三家總說）孔子不惜人身，而重榮名；（虛名私名）墨子不惜人身，而重公利；（亦實利）此皆可以謂爲重外物而輕自身者。老子反是：是重自身而輕外物者。此亦得換言爲：老子不勞心不勞力，「終身不勤」；五二孔子側重勞心而少勞力；（詳後）墨子側重勞力而少勞心，或心力俱勞者。此卽三家在身與身外物之一方面的比觀。

第五表　積極與消極

老子	唯命非力	消極（天命）	
孔子	消極方面信命	惡方面	不敢「行險徼幸」
	積極方面信力	善	「知其不可而爲」
墨子	唯力非命	積極（人力）	

（三家合講）以老孔與墨子論，則墨子信天鬼，（宗教）故非命；老孔非宗教，（天鬼）故信命。以孔墨與老子論，則老子厭時故有命，孔墨樂天故有力。墨子有非命篇，其言曰：「今也王公大人之所以早朝晏退，聽獄治政，終朝均分，而不敢怠倦者何也？曰：彼以爲：强（猶勤也，與老子「終

身不勤」反對必治，不强必亂，强必甯，不强必危，故不敢怠倦。今也卿大夫之所以竭股肱之力，殫其思慮之知，內治官府，外歛關市，山林澤梁之利，以實官府，而不敢怠倦者何也？曰：彼以爲：强必貴，不强必賤，强必榮，不强必辱，故不敢怠倦。今也農夫之所以蚤出暮入，强乎耕稼樹藝，多聚升粟，而不敢怠倦何也？曰：彼以爲强必富，不强必貧，强必飽，不强必飢，故不敢怠倦。今也婦人之所以夙興夜寐，强乎紡績織絍，多治麻絲之葛緒捆布縿而不敢怠倦者何也？曰：彼以爲强必富，不强必貧，强必煖，不强必寒，故不敢怠倦。今唯毋在乎王公大人，若信有命而致行之，則必怠乎聽獄治政矣！卿大夫必怠乎治官府矣！農夫必怠乎耕稼樹藝矣！婦人必怠乎紡績織絍矣！王大人怠乎聽獄治政，卿大夫怠乎治官府，則我以爲天下必亂矣！農夫怠乎耕稼樹藝，婦人怠乎紡績織絍，則我以爲天下衣食之財，將必不足矣。此墨子之所以恃力而不信命者也。而道家亦有僞列子之力命篇可以代表之，其言曰：「力謂命曰：若之功奚若我哉？命曰：汝奚功於物，而欲比朕？力曰：壽夭窮達，貴賤貧富，我力之所能也。命曰：彭祖之智，不出堯舜之上，而壽八百；顏淵之才，不出衆人之下，而壽四八；仲尼之德，不出諸侯之下，而困於陳蔡；殷紂之行，不出三仁之上，而居君位；季札無爵於吳，田恒專有齊國，夷齊餓於首陽，季氏富於展禽，若是汝力之所能，奈何壽彼而夭此，窮聖而達逆，賤聖而貴愚，貧善而富惡耶？力曰：若如是言，我固無功於物，而物若此耶？此則若之所制耶？命曰：既謂之命，奈何有制之者耶？朕直而推之，曲而任之，自壽自天，自窮自達，自貴自賤，自富自貧，朕豈能識之哉？」此道家之所以信有命而不恃力者也，孔子曰：「天行健，君子以自強不息。」（易乾卦老子更言法天然其所見之天則或相反如儒者謂其健强老子謂其柔弱亦其一例也）「人能弘道，非道弘人。」（論語）此非孔子之信人力之一方面歟？其如子夏所言：「死生有命，富貴在天。」（十二）以及孔子所言「君子畏天命。」（十六）此非其信天命之一方面歟？亦信天命，亦信人力，毋乃自相矛盾乎？曰：不然：孔子一生，甚然努力，未嘗稍懈，及其不得圓滿結果，始用自慰曰：莫非命也！然不少餒，仍再努力。如其言曰：「不怨天，不尤人。」（十四）「射有似乎君子；失諸正鵠，反求諸其身。」（中庸）此其爲善之一方面也。若其對惡之一方面。則斥諸「不知命」之小人曰：「小人行險以徼幸。」蓋彼以爲：若信有命。則自不敢妄作非分之冀矣。請再觀孟子之言曰：「求之有道，得之有命，」彼又嘗稱，「孔子進以禮，退以義，得之不得曰有命。可見其行動甚努力，積極其結果始聽命；若在極端「命定論」的道家觀之，以爲：事事旣已前定，而今又何必出於此種積極行爲乎？道家因此遂信命而極端消極。在「極端意志自由論」的墨子觀之，亦以爲：旣須出於此種積極行爲，則又何必以命爲有乎？墨子因此遂恃力而極端積極。孔子則謂：命雖有時可信，而力有時亦極可恃；力雖有時可恃，而命有時亦極可信；前者如勤勞則多得食，遊惰則多餓死；後者如爲善者未必盡昌，爲惡者未必盡殃；以故在行爲上不得不盡力，至結果時不得不聽命。此三家之所大不同者也。欲知其詳，須看吾作孔子哲學之眞面目中所專述之命之眞意義一節，並參看下表樂觀與悲觀。

第六表　樂觀與悲觀

老子	厭時觀（厭時者即厭一時也）
孔子	皆樂天觀或淑世觀
墨子	

老子	純然自樂（忘人而自樂）
孔子	一面自樂 一面自苦
墨子	純然自苦（自苦以爲人）

（說明）夫唯老子之厭時故自樂，夫唯墨子之樂天故自苦，厭時之與自樂，樂天之與自苦，雖似相反，寔則相成。

（老子）老子曰：「民各甘其食，美其服，（不甘亦自以爲甘，不美亦自以爲美，知足知止，是其意也。）安其俗，樂其業，鄰國相望，雞狗之聲相聞，民至老死不相往來。」一詳前此其自樂，已可想見。又其言曰：「外其身而身存」，「夫惟無以生爲者，是賢於貴生」。「苟吾無身，吾有何患」？故貴以身爲天下，……愛以身爲天下。」……「雖有榮觀，宴處超然，奈何，萬乘之主，而以身輕天下」？「名與身孰親？身與貨孰多？」「不貴難得之貨。」「禍莫大於不知足，咎莫大於欲得。」「無知無欲。」多詳前此其所以能樂者也。並請參看第一表天與人，第三表人與己，第四表身與身外物諸關於老子者；而一部莊子，尤時時表現其自樂之處；此卽老子之厭時的樂生活。

(孔子)孔子曰：「飯疏食飲水，曲肱而枕之，樂亦在其中矣！不義而富且貴，於我如浮雲。」論語七「貧而樂。」「樂以忘憂。」七，孔門如顏回，，曾點，原憲諸人，皆深知之。此一方面非似道家之自樂與？其對當時避世之桀溺而憮然曰：「鳥獸不可與同羣，吾非斯人之徒與而誰與？天下有道，丘不與易也。」十八 微生畝謂孔子曰：「丘何爲是栖栖者與？」十四 石門晨門問子路曰：「是知其不可而爲之者與？」同上。如其「再逐於魯，削跡於衛，窮於齊，圍於陳蔡，不容身於天下，」尤可想見其苦。此一方面非似墨子之自苦歟？孔子之一面自樂，一面自苦蓋如此。

（墨子）莊子天下篇之評述墨子曰：「以繩墨自矯，而備世之急，……獨生不歌，死不服，……其生也勤，其死也薄，其道大觳，使人憂，使人悲，其行難爲也！……天下不堪！……墨子稱道曰：昔者禹之湮洪水，決江河而通九州也，名山三百，支川三千，小者無數，禹親自操橐耜，而九離天下之川，腓無胈，脛無毛，沐甚雨，櫛疾風，置萬國，禹大聖也，而形勞天下也如此！使後世之墨者，多以裘褐爲衣，以跂蹻爲服，日夜不休，以自苦爲極，曰：不能如此，非禹之道也，不足謂墨，……墨子……雖枯槁不舍也！……」墨子之樂天的苦生活，於此大可想見。

按上積極與消極一表，與本表有密切之關係，合而爲一，亦無不可。

第七表　個人與社會

老子	只有個人而無家庭社會——個人主義
孔子	以承上起下的家族爲中心——家族主義
墨子	只有社會而無個人家庭——社會主義

老子	個人對宇宙無所用組織（如政府等）	
孔子	心身家國天下	須極嚴密的組織
墨子	家鄉國天下天	須極嚴密的組織

（說明）（老子）老子以個人對宇宙，無所用組織。如其對於政府，以為：可有可無，無愈於有，有等於無。如曰：「民之飢，以其上食稅之多，是以飢；民之難治，以其上之有為，是以難治。」七五「法令滋章，盜賊多有。」「師之所處，荊棘生焉。」三十「將欲取天下而為之，吾見其不得已，天下神器，不可為也，為者敗之，執者失之。」二九此非「無愈於有」之謂與？其曰：「太上：下不知有之；其次：親而譽之；其次畏之，其次侮之。」十七此非「有等於無」之謂歟

？其曰：「六親不和有孝慈，國家昏亂有忠臣。」十八其於國家，俱不見重，無須組織，亦可於此想見之。若儒家則不然：以忠臣爲建國之基，以孝慈爲成家之本，故其於國極貴忠臣，於家極貴孝慈。雖然，老子不曾有「小國寡民」之說乎？要其不甚重視，雖有亦等於無，蓋國與家二者，非太古之所有，乃後世之產物，故爲所不取云。關於無政府之主張者，尙有後於老子之許行，「以爲：無所事聖王，欲使君臣並耕。」漢書藝文志僞列子黃帝篇亦有其理想國，謂：「華胥氏之國，……無帥長，自然而已。」抱朴子詰鮑篇更云：有鮑生敬言其人者，」好老莊之書，……以爲：古者無君，勝於今世。」諸皆本於老子而明言之耳。

至若孔墨二家，則皆極重視政府，並須極嚴密有秩序之組織。

（孔子）所謂：誠意，正心，脩身（大學）卽身的組織；所謂：「父父，子子，兄兄，弟弟，夫夫，婦婦，而家道正（易傳）卽家的組織；所謂「君君，臣臣，」（論語十二）「與國交人」（大學）「朋友切切偲偲，」（論語十三）卽國的組織；孟子於是乎言曰：天下之本在國，國之本在家，家之本在身。」虞書亦云：「克明峻德，以親九族，平章百姓……協和萬邦。」於此可見：其於國，（或天下）家，身三級，極爲重視；顧於三級之中，尤似乎以家爲最重要，以其爲承上起下之中心機關——彼認個人不能存在；而社會亦無甚須要；惟此家庭爲最根本——也。試觀彼宗旣非如楊朱所謂「人人不損一毫，人人不利天下，天下治矣」（列子楊朱篇）一類極端的個人主義；但亦未若墨子所謂：「仁者爲天下度也，辟之無以異乎孝子之爲親度也。」（節葬下）一類極端的天下（或社會）主義；而竟獨作一種近老非老，近墨非墨之主張，孟子所謂：「人人親其親，長其長，而天下平」是已。所謂親親者，視利己則爲進，視利人則爲退，過猶不及，故重親親。此如其攻楊墨云：楊子取爲我，拔一毛而利天下不爲也；墨子兼愛，摩頂放踵，利天下爲之；」二者皆訊，亦可爲證。(?)要之，道家只知自身，儒家只知家親，(?)墨子只知天下人；道家以個人爲國家，儒家以一家爲一天下，墨家以天下爲其家庭，以天下人爲其家親；此三家之所不同者也。至若從來中國人之只知有家，而不知有國，中山先生亦云：中國有宗族主義，無國族主義。亦不敢爲身者；間尤莫如諸所謂孝子順孫者則爲寔行儒家之學說云。

(墨子)墨子自家至國，天下，其間組織之嚴密，視諸儒家，殆猶過之！如其尙同篇所云：家，鄉，國，天下；天子三公國君卿宰鄉長家君或里，鄉，國，天下，天（里長鄉長國君天子天）是也。至於自「身」以前，如心意之類，則遠不逮儒家，甚至竟未有一言及之者；卽其於家，亦不甚重視。大氏以個人對國（或天下）與天，亦可謂爲：以人與天相對。要其最重社會性，而與老子之個人主義最相反對；而其以天下爲家，以人爲親，亦與儒家之以家庭爲一小天下，只知有親而不甚知有他人與己身者不合；業已詳哉言之矣。

按右所述者，多就組織方面而言，其餘詳於第三表人與己之中，將此與彼，合而觀之可也。

若再以情感言：道家不知情感爲何物，幾無情感之可言！儒家有縱的親（日本人以親字代表父母）子情感，無橫的夫婦情感；（可看禮記中之曲禮，內則，坊記，郊特牲等。）墨家有對方的天下人的情感，無己方的身家的情感；至於道家之自由平等，儒家之不自由不平等，墨家之平等而不自由一節，已詳在人與物一表中。

最後更當詳者：梁任公先生之「箇性與社會性之調和問題」言曰：「……宇宙進化之軌則，全由各箇人常出其活的心力，改造其所欲至之環境，然後生活於自己所造的環境之下，儒家所謂「欲立立人，欲達達人，」「能盡其性，則能盡人之性，」全屬此旨。……墨法兩家之主張，以機械的整齊箇人，使同冶一爐，同鑄一型，結果至箇性盡彼社會性吞滅。……」先秦政治思想史 按墨子嘗主張：同一天下之義，不得各是其義，而非人之義，此如家君總其家之義以上同於鄉長，鄉長總其鄉之義以上同於國君，國君總其國之義以上同於天子，天子總天下之義以上同於天；其詳須墨子尚同上中下三篇 確如梁先生所謂「箇性盡被社會性吞滅」者。至若儒家，固較墨子爲進，然亦有限：如其於家主張：「三年無改於父之道，」論語於國主張：「庶人不議；」同上卿大夫「非先王之法服不敢服，非先王之法言不敢道，非先王之德行不敢行，是故非法不言，非道不行。」孝經「以孔子之大聖，甫得政而戮少正卯，問其罪名，則行僞而堅，言僞而辯，學非而博，順非而澤也。夫僞與眞，至難定形也；是與非，至難定位也；藉令果僞矣，果非矣，亦不過出其所見，行其所信，糾而正之，斯亦可耳：而何至於殺？」見任公中國古代學術思想變遷史。按禮記王制亦云：「析言破律，亂名改作，執左道以亂政，殺。作淫聲異服，奇技奇器，以疑衆，殺。行僞而堅，言僞而辯，學非而博，順非而澤，以疑衆，殺。假於鬼神時日卜筮以疑衆，殺。此四誅者，不以聽。」即此爲家之子，爲國之臣，爲社會上之人而觀，其個性果得盡量發展乎？此其箇性，亦可謂爲盡被家父國君專制國者君，專制家者父。社會吞滅矣：（？）至於老子，既極自由，而個性之盡量發展宜也；然亦未然：而竟主張：「不言」「無爲」「常使民無知無欲，使夫知者不敢爲也！」是其個人自由或有矣：而於個性發展云乎哉？

第八表　精神與物質

老子	只知根本的精神而不知有何物質
孔子	兼有根本的精神 必需以外的物質
墨子	只知必需的物質而不知有何精神

（說明）老子之最重根本的精神，不肯少出於勞動，誠如司馬談所謂：「道家使人精神專一，……去健羨，絀聰明。……人之所生者神也，所託者形也，神大用則竭。形大勞則敝，形神離則死，死者不可

復生，離者不可復反，故聖人重之。由是觀之，神者生之本也，形者生之具也，不先定其神，而曰我有以治天下何由哉？」（史記太史公自序）老子亦嘗自言曰：「終身不勤，……無遺身殃」（五二）道家所重之精神，卽此種之精神也。墨子則適相反：竭盡所有的能力，以求得目的物，以達到目的地，終致精神喪失殆盡，如前引莊子天下篇所言之：「形勞天下，……日夜不休，以自苦爲極：……雖枯槁不捨也。」至墨子之竭盡所有之能力，所得之在物質一方面者，亦以所必需的爲限度。如其言曰：「凡足以奉給民用則止」是也。要之，老子多如司馬談所謂定神，」墨子多如莊子所謂「形勞」；至若孔子，則似乎兼而有之，但亦不如二家之極端。（詳下）

如就生產與享用言之，則老子旣不欲生產，亦不欲享用；孔子生產不如墨，享用過於墨；墨子生產過於孔，享用不如孔。老子之不生產不享用也，如其言曰：「服文采，帶利劍，厭飲食，財貨有餘，是謂盜夸，非道也哉！」五三「民多利器，國家滋昏！人多伎巧，奇物滋起。」五七「五味令人口爽，馳騁田獵令人心發狂，難得之貨令人行妨。」十二「常使民無知無欲，使夫知者不敢為也。」三……孔子之不如墨子之努力於生產方面也，已無須再說；其於享用方面，以衣而言，則曰：「……當暑袗絺綌，必表而出之，緇衣羔裘，素衣麑裘，黃衣狐裘，褻裘長，短右袂，必有寢衣，長一身有半，狐貉之厚以居，去喪無所不佩，……齋必有明衣布。」論語十 此其對衣一類，何等講究！以食而言，則曰，「食不厭精，膾不厭細，食饐而餲，魚餒而肉敗，不食；色惡不食，臭惡不食，失飪不食，不時不食，割不正不食，不得其醬不食，……沽酒市脯不食，……祭肉……出三日不食之矣。」同上 此其對食一層，亦何等講究！他如所謂「吾不徒行，……以吾從大夫之後，不可徒行也。」十一 是於行路方面，亦有講究矣！然諸猶屬於活人方面也；卽其對死者，亦「厚葬久喪，重爲棺椁，多爲衣衾，送死若徙，三年哭泣。」墨子，公孟篇，至其詳情，須看節葬篇。

若在墨子，則謂：宮室，衣服，飲食，舟車，畜私，「五者不可不節。」辭過 而竟主張：「堂高三尺，土階三等，茅茨不剪，采椽不刮，食土簋，啜土刑，糲粱之食，藜藿之羹，夏日葛衣，冬日鹿裘。其送死：相棺三寸，舉音不盡其哀。」史記太史公自序 衣衾三領，足以覆惡。……及其葬也：下毋及泉，上毋通臭。節葬 無槨，……死無服，爲三日之喪。公孟 莊子謂爲：「其生也勤，其死也薄。」莊子天下篇 嗚呼其信然矣！吾述至是，爲嘆墨家之活人，不如儒家之死尸遠矣！

孔子之對於物質生活方面，既如上述矣；則其對於精神生活方面，亦當略爲一述焉：孔子對於音樂一類，極爲重視！老子於此固絕對排斥者也；而墨子亦何嘗不然？但其出發點，則各不相同：老子之斥「五色令人目盲，五音令人耳聾……」者，爲厭其繁文而去古樸益遠也。如其言曰：「化而欲作，吾將鎮之以無名之朴，無名之樸，夫亦將不欲，不欲以靜，天下將自定。」三七「執古之道，以御今之有，能知古始，是謂道紀。」十四 若在墨子，則謂：「所以非樂者，非以大鐘鳴鼓，琴瑟竽笙之聲，以爲不樂也；非以刻鏤華文章之色，以爲不美也；非以犓豢煎炙之味，以爲不甘也；非以高臺厚榭邃野之居，以爲不安也；雖身知其安也，口知其甘也，目知其美也，耳知其樂也，然上考之不中聖王之事，下度之不中萬民之利」。（非樂上）是故老子之攻擊美術……也，爲其去古樸也；墨子之非樂……也，爲其非寔利也；孔子於音樂之外，尙有文學……之類，如其言詩也曰：「詩可以興，可以觀，可以羣，可以怨。」（論語）若老子既謂「絕學無憂，」（或謂「老子著書本爲尹喜若老子何必有書」）則其甚要學問可知矣！若墨子雖亦有「文學」「說書」之言，要彼注重實際工作，對於似娛樂品消遣物的詩文，……如不排斥，亦無暇顧及。故若先秦諸子之視學問爲專業者，惟有儒家。如其言曰：「好仁不好學，其蔽也愚；好知不好學，其蔽也蕩；好信不好學，其蔽也賊；好直不好學，其蔽也絞；好勇不好學，其蔽也亂；好剛不好學，其蔽也狂。」（十七）

於是吾得總而言之曰：「老子對於物質的享用，雖不足亦自以爲足，故亦無所用生產；所謂：「知足者富，」三二「知足之足常足矣。」四六是也；墨子對於物質的生產，雖足亦自以爲不足，故亦不敢多享用；節用如荀子曰：「墨子之言，昭昭然爲天下苦不足，……特墨子之私憂過計也。」荀子謂：「不足非天下之公患，」孔子謂「蓋均無貧。」老子以保身全生爲其最高精神，墨子以損己爲其最高精神，（？）關於此者，可看第四表身與身外物。老子雖似乎重精神者，然除固有的或根本的精神以外，殆無精神生活之可言；若孔子則復有音樂文學……一類固有精神以外的精神生活。墨子雖似乎重物質者，然除必需的物質以外，殆無物質生活之可言；若孔子則頗講究衣食……一類必需物質以外的物質生活。又若老子既主張：智人而愚人化，有身而無身化，不以生活爲生活矣，自無有何生活之可言焉！參看第一表天與人。

第九表　託始的先王

老子	黃帝，及其以前。
孔子	堯舜，次如禹湯文武周公。
墨子	禹，次如堯舜。

（說明）老子之崇拜黃帝，在彼本身，未嘗言及；惟後人每以黃老並稱之耳！要其所崇拜者，爲太古之人；至自堯舜以下，則老子甚無取焉！道家所崇拜之人物，多可見於莊子書中；然莊子多就理想，構造事實，信否誠未可知！雖然，豈惟道家莊子？卽儒家亦何獨不然？或者猶有甚焉！若儒家所最崇拜者，莫如堯舜，此凡人所知也！中庸亦明言曰：「仲尼祖述堯舜，」欲知堯舜之爲人，可看虞書。（堯典與舜典原爲一篇）然其篇首，卽曰：「若稽古……」，有此字樣，已足令人

疑問！意者孔子刪尙書，因而補入其所理想之唯一模範人物，以便改制創教，令人信其有根據，亦未可知也！康有爲所謂「託古改制，」當不爲無見。其言曰：「孔子蓋自立一宗旨，而憑之以進退古人，去取古籍，孔子改制，恆託於古，堯舜者孔子所託也，其人有無不可知；卽有亦至尋常，經典中堯舜之盛德大業，皆孔子理想上所構成也。尙思按；若禹湯文武周公諸人，亦係儒家之張大其辭耳。又不惟孔子而已；周秦諸子，罔不改制，罔不託古，老子之託黃帝，墨子之託大禹，許行之託神農是也。」梁任公著清代學術概論而蔡孑民先生亦曰：「堯舜者，孔子所假以代表其理想，而爲模範之人物者也。」中國倫理學史關於儒家之託古改制，可再引胡適之先生之言，以見其餘曰：『三年之喪，也是儒家所創，並非古禮，其證有三：墨子非儒篇說：「儒者曰親親有術，……

其禮曰喪父三年……』此明說三年之喪，是儒者之禮，是一證。論語十七記宰我說：三年之喪太久了，一年已夠了，孔子弟子尚有人不認此制合禮，可見此非當時通行之俗，是二證。孟子滕文公篇記孟子勸滕世子行三年之喪，滕國的父兄百官，皆不願意，說道：「吾宗國魯先君莫之行，吾先君亦莫之行也。」魯爲周公之國，尚不曾行過三年之喪，是三證。至於儒家說堯死時，三載如喪考妣；商高宗三年不言，和孟子所說：「三年之喪，三代共之，」都是儒家託古改制的慣技，不足憑信。』（中國哲學史大綱）吾今更敢明言：所有孔子以前之經典，一到孔子之手，於是爲所欲爲，刪所欲刪，如尙合己意，則仍存之；其所欲言，則補入之；故如傳至今日之經書，竟與孔門諸書，若合符節，未嘗有相矛盾之處也。今人或言：「六經乃

删改經書

古史，非儒家所得私，以六經爲孔子書者非也；」或則以爲：「六經乃孔子所有，諸子由是分出耳；」吾意：在孔子以前之六經，信爲公書與眞書；其在孔子以後，則變而爲私書與僞書矣！雖謂爲儒家之書，亦無有大不可之處；如仍謂爲古代眞書，則未免見欺於古人矣！蓋當時諸子並興，百家爭鳴，誠皆欲託古以自重；但若首出之老子，尙不知利用之，何也？曰：彼係厭時者，諸經乃記後世官事之書也，格格與之不入，舉而焚之則有不便，因而删之則不勝删，故無此種舉動；或其人格高尙，所不屑爲，亦未可知也。若孔子，一見六經，則以爲：機會到手，本人或本宗從此可望得傳於後世，故使六經就己意，如木之就繩墨也！果也老子往矣，其餘諸子尙未出世，竟遂以此博得世人之信仰，爲其不比他家之無根之談談，弗詢之謀也。儒家因霸佔中國思想界，而他家終莫能與之爭！（？）以此而論，孔子亦可以爲最狡黠矣！然亦會其時之可爲也。因當其時，既極紛亂，名家又少，無人過問，故得安然爲之；况彼又得數千弟子之信仰，諸弟子又多貴顯於時者，因散處四方，極力宣傳，（史記貨殖列傳云：「夫使孔子名布揚於天下者，子貢先後之也。此所謂得勢而益彰者矣！」）於是天下之學者，遂信以爲眞：名雖讀古代之書，實則無以異於讀孔子一人所作之新書也！論合古者，遂當推孔子爲首矣！迨至墨子之流出世，孔子學說已深入人心，孔學之所以獨能久傳者，或有得力於此，此卽吾之「孔學盛行與孔子改經」論。（但非最大原因，學者切勿誤會。）至若墨子唯一崇拜之古人爲禹，虞書載：「禹……曰：予思日孜孜，……洪水滔天，浩浩懷山襄陵，下民昏墊，予乘四載，隨山刊木，曁益奏庶鮮食；予決九川，距四海，濬畎澮距川，暨稷播奏庶艱，食鮮食，懋遷有無化居，民乃粒，萬邦作乂。……無若丹朱傲，惟慢遊是好，傲虐是作，罔晝夜頟頟，罔水行舟，朋淫於家，用殄厥世，予創若時，娶于塗山，辛壬癸甲，啓呱呱而泣，予弗子，惟荒度土功……」莊子天下篇述墨子之稱道禹詳前墨子因此亦最重寔行，如「公輸般爲楚造雲梯之械成，將以攻宋，墨子聞之，起於魯，行十日十夜，足重繭而不休息，裂裳裹足，至於郢，見公輸般……曰：……吾從北方聞子爲梯，將以攻宋，宋何罪之有？……宋無罪而攻之不可謂仁，知而不爭不可謂忠，爭而不得不可謂强，……於是公輸般墨子解帶爲城，以牒爲械，公輸般九設攻城之機變，墨子九距之公輸般之攻械盡，墨子之守圉有餘。……」公輸般禹以治水，墨以非攻，禹不顧其子，墨不惜其身；動輒主張，「損已」「殺已」「爲身之所惡」若墨子者，眞無愧於禹矣！其後墨徒如孟勝之死義，呂氏春秋上德篇腹䵍之誅子同上去私篇之類，亦皆足爲墨子之信徒矣；此禹墨之勤之一方面也。孔子稱：「禹……菲飲食，……惡衣服，卑宮室。……」論語八而墨子亦主張：「堂高三尺，土階三等，茅茨不剪，采椽不刮，食土簋，啜土刑，糲粱之食，藜藿之羹，夏日衣葛，冬日鹿裘。」詳前此禹墨之儉之一方面也。墨子之勤儉的或努力生利的人生觀蓋如此。

第十表　道理的名稱

老子	自然……無……不……絕……棄……去……反者
孔子	仁恕禮樂智勇信義忠貞孝悌……
墨子	天志義正兼愛交利……

(說明)人各有所觀感，故其所抱定之宗旨——或曰主義，或曰觀念，或曰思想……——或所揭之旗幟，亦各不同。古人總名之爲「道」，老子爲見「道」之第一人，如其言曰：「吾不知其名，字之曰道。——二五自是而後，諸子爭鳴，遂無一不談「道」者；但其內容，則各不同。言「道」如言「人」然：以「道」而言，則諸子所談者皆「道」也；若考其寔，則有上下正反虛寔內外……諸道之異。亦猶以人而言：則凡人類皆「人」也；若論其眞，則有白黑大小高低輕重……諸人之異。

(?)三家之「道」的名稱，及其性質，今略述之於左：

(老子)自然，自均，自定，自正，自樸，自化；…………無爲，無執，無知，無欲，無名，無身，……不言，不爭，不恃，不宰，不美，不祥，不割，不劌，不肆，不燿，不武，不怒，不敢，不有，不肖，……不尙賢，不貴貨，不敢爲，不爲主，不爲目，不出戶，不闚牖，不欲盈，不新成，不知有，不名有，不自生，不自見，不自是，不自伐，不自矜，……絕聖，棄智，絕仁，棄義，絕巧，棄利，絕學，無憂，……去甚，去奢，去泰，……知足，知止，……守黑，守辱，……悶悶，儽儽，沌沌，昏昏，……見素，抱樸，少私，寡欲，處惡，身退，執古，虛心，活淡，柔弱，清靜，抱一，超然，……虛冲泊澹渙混曠窪敝枉曲屈缺少退後損拙訥喪哀辱垢愚昧頑鄙遺儉慈，……此老子之「道」之見於道德經中者也。觀其非曰無，……則曰不，……不曰絕，……則曰棄，彼之所謂：不，……無，……棄，絕，……亦無異於今之所謂：打倒否認，反對取締……也。可知其寡合或無一可於俗見，而爲思想界的大革命家矣。而老子亦嘗自言曰：「我獨異於人」二十 如就有與無，正與反……諸相對之兩方面而論，世人莫不貴有與正……之一方面，而老子則反而尚無與反……之一方面。如其言曰：「無之以爲用，」十一「反者道之動，」四十 此惟老子一人有見及於此，至於俗人，殊難與言。如七十八章云：『天下莫柔弱於水，而攻堅强者莫之能勝；其無以易之：弱之勝强，柔之勝剛。天下莫不知，莫能行，是以聖人云：「受國之垢，是謂社稷主；受國不祥，是謂天下王；」正言若反。』此乃自信其說之確有所見，而嘆俗人之莫能行也。

於此吾敢斷言：老子之道，多者消極之道也。換言之：則以消極爲積極，彼自以爲：所主張之消極者，竟反等於俗人所主張之積極者。觀於「無爲而無不爲」一語，卽可想而知矣。而猶乃也，則也，

（見經傳釋詞）無不爲者卽有爲也，「無爲而無不爲」者，猶言：無爲卽是有爲也。梁任公先生，竟不之察：如其老子哲學中云：「老子喜歡講無爲，是人人知道的；可惜往往把無不爲這句話忘却，便弄成一種跛腳的學說，失掉老子的精神了。『常人多該老子是厭世哲學；我讀了一部老子，就沒有看見一句厭世的話，他若是厭世，也不必著這五千言了；老子是一位最熱心熱腸的人，說他厭世的，只看見「無爲」兩字，把底下「無不爲」三個字讀漏了。』在我未發言之先，所當聲明者：吾非言老子厭世之人，至多亦不過言其厭一時，或厭後世而已，後世如今世然，確爲老子所最厭者；若一談及古代，愈古愈妙，老子且樂生之不暇！何好死之可言？故其所厭者：一時而已。此學者之所當知者也。然則吾言可以出矣：如老子所謂：「曲則全，枉則直，窪則盈，敝則新，少則得，多則惑。……不自見故明，不自是故彰，不自伐故有功，不自矜故長。夫惟不爭，故天下莫能與之爭。」二二若取「無爲而無不爲」一語，倣此而言，則爲「無爲則有爲，……不爲故爲，……夫惟不爲，故天下莫能與之爲。」又其言曰：「是以聖人後其身而身先，外其身而身存，非以其無私邪？故能成其私。」七此如再取前語倣而言之，亦爲：『是以聖人無其「爲」而「爲」有，……非以其無爲耶？故能成其爲。』老子往往作此反俗見的論調，皆「無爲卽是有爲」之明證也。吾向作老子哲學的人生觀一書，其中有一部分，曾分數段，以說明之：老子以爲：「善惡相因，得失相反，是非相成，……」此其一段也。因謂：「欲去惡，當絕善，……不尙善，自無惡，……」此又一段也。更進一步：「以失爲得，以退爲進，以無爲有，以虛爲盈，以約爲泰；……卽得亦若失，進亦若退，有亦若無，寔亦若虛，泰亦若約；……此其又一段也。終將彼自身之破壞消極……方面，與俗人之建設積極……方面，一一比較，得失判然，此又其一段也。此皆類舉老子之言而分編之耳。此種講法，吾自以爲：最簡明矣！

(孔子)孔子平日所談之道之見於諸經書中者，爲：仁義禮樂智恕信勇忠孝悌慈友貞恭寬敏惠溫良儉讓中正剛毅誠敬和順廉清明聽直善……孔子所講道德的名稱，大氐如此：若老子雖亦以講「道德」名者，然其所謂道德，係指出乎自然之道德也；孔子之所謂道德，係指人所修爲之道德也；老子之道德，出乎原始；孔子之道德，出乎後世。如老子之言曰：「上德不德，是以有德；下德不失德，是以無德；上德無爲而無不爲，下德爲之而有以爲；上仁爲之而無以爲，上義爲之而有以爲；上禮爲之而莫之應，則攘臂而扔之；故失道而後德，失德而後仁，失仁而後義；失義而後禮；夫禮者忠信之薄，而亂之首；前識者道之華，而愚之始；是以大丈夫處其厚不居其薄，處其實不居其華，故去彼取此。」三八「大道廢有仁義，慧知出有大僞，六親不和有孝慈，國家昏亂有忠臣。」十八所謂上德大道。……者，卽老子自家之道德也；所謂下德仁義禮忠孝慈……者，卽若孔子所言之道德也；而禮記亦云：「太上貴德，鄭注：「太上帝皇之世，其民施而不惟報。」其次務施報。同上「三王之世禮始興焉」禮同往來，往而不來非禮也，來而不往亦非禮也。」曲禮「以德報德則民有所勸，以怨報怨則民有所懲。詩曰：無言不讎，無德不報。……以德報怨，則寬身之仁也；以怨報德，

「則刑戮之民也。」鄭注：「寬猶愛也，愛身以息怨，非禮之正也。」表記此與老子所言正相符合。尙有論語所載，可爲此證實：「或曰以德報怨，子曰：何以報德？以直報怨，以德報德。」此已可見老孔二家所尙道德，內容各不相同矣。至若墨子則只知愛利，雖與儒者所言皆出於後世，而爲人爲者；然其視儒家，尤進一步矣！簡而言之，老子「無」而已矣；孔墨皆「有」也，而有之中，亦有分焉：孔子所重莫如禮，禮者用以正心者也；墨子所貴莫如利，利者用以益人者也；孔子以禮往來，墨子以利往來；換言之：老子最重虛道，孔子最重實學，墨子最重實行。餘見前後，茲不喋贅。

（墨子）墨子之主要道理，已如右表所述。大氏以義正，兼愛，交利歸納於天志之中；法儀天志尙同以兼愛，交利歸納於義正之中。天志其言曰：

「義正者何若？曰：……若事上利天，中利鬼，下利人，三利而無所不利，是謂天德。故凡從事此者，聖智也，仁義也，忠惠也，慈孝也；是故聚歛天下之善名而加之，……順天之意也。」（天志下）墨子平日所言之善名，幾盡於此矣。

（比觀）吾於此可舉老子之一二言，以較此三家焉：老子曰：「爲學日益，爲道日損。」（三六）學益如孔子然；若道損則老子可自當矣。其曰：「有之以爲利，無之以爲用，」（十一）有利如墨子然，若無用則老子亦可自當矣。在孔子觀之，確無有再比學重者；（見前）就墨子而論，亦確無有再比其實利主義之重大者；至老子之尚損，……無……之一方面，更甚彰明，而無須再言矣。

按：如上所述者，亦得換言之曰：「老子所講之道，天道也；孔子所講之道，人道也；墨子所講之道，神道也。再明而言之；則老子玄理也，孔子事情也，墨子迷信也。更大而言之：則老子思想，多哲理思想也；孔子思想，多倫理思想也；墨子思想，多宗教思想也，近於科學方面，亦佔有一部分云。如第一表，可供參看。

第十一表　理想的人世

老子	世	去今復古——天生自然的原始時代	
	人	棄智歸愚——嬰兒赤子愚人	
孔子	世	孝的家庭仁的社會（家爲國本孝爲仁本）	
	人	橫之一方面	君臣父子兄弟夫婦朋友應有盡有（在國主君在家主父）
		縱之一方面	庸人士君子賢聖下學上達（以士君子爲普通以賢聖爲特別）
	世	天統之世天主政府	造就富强的世界（或國家）

墨子　八　反老子棄智歸愚 近孔子由庸成賢　養成勤儉的人物

（說明）（老子）老子目擊此人世而浩歎曰：「大道廢有仁義，知慧出有大僞，六親不和有孝慈，國家昏亂有忠臣。」十八「五色令人目盲，五音令人耳聾，五味令人口爽，馳騁田獵令人心發狂，難得之貨令人行妨。」十二「天下多忌諱而民彌貧，民多利器國家滋昏，人多伎巧奇物滋起，法令滋章盜賊多有。」五十七「民之飢以其上食稅之多，……民之難治以其上之有爲，……民之輕死以其生生之厚。」七十五「師之所處荊棘生焉，大軍之後必有凶年。」三十「大道甚夷，而民好徑，朝甚除，田甚蕪，倉甚虛，服文采，帶利劍，厭飲食，財貨有餘，是謂盜夸，非道也哉！」五十三老子既見出今世之病狀與病根，且痛且惜，忍無可忍，以爲：非根本改革不可！而其唯一理想世遂於是乎出焉曰：「執古之道，以御今之有，能知古始，是謂道紀十四」「小國寡民：使有什伯之器而不用，使民重死而不遠徙，雖有舟輿無所乘之，雖有甲兵無所陳之，使民復結繩而用之，甘其食，美其服，注前有詳安其居，樂其俗，鄰國相望，雞犬之聲相聞，民至老死不相往來。」八十此非老子之欲恢復天生自然的原始時代歟？而其心目中之唯一理想人方面，亦謂：含德之厚，比於赤子：蜂蠆虺蛇不螫，猛獸不據，攫鳥不搏，骨肉筋柔而握固，未知牝牡之合而全作，精之至也！終日號而不嗄，和之至也！……物壯則老，謂之不道，不道早已」五五。此其欲使壯物「復歸於」二八赤子者也。而老子亦自道曰：「衆人熙熙，如享太牢，如登春臺：我獨泊兮其未兆。如嬰兒之未孩，儽儽兮若無所歸。衆人皆有餘，而我獨若遺，我愚人之心也哉！沌沌兮！我獨昏昏！俗人昭昭，我獨昏昏。俗人察察；我獨悶悶。澹兮其若海，飂兮若無止；衆人皆有以，而我獨頑且鄙；我獨異於人，而貴食母。」二十 此其欲去人之智而。如已之愚者也。他若其所稱：「古之善爲士者，……」十五 「古之善爲道者，……」六十五 「善攝生者，……」五十 「聖人之治，……」三 「大丈夫，……」三十八 皆其所理想之此類模範人生也。此外請參看天與人，及個人與社會二表。

(孔子)孔子曰：「父父子子，兄兄弟弟，夫夫婦婦，而家道正；正家而天下定矣。」易家人 大學亦曰：「家齊而後國治，國治而後天下平。」父子，兄弟，夫婦三者，家庭中之人物也。若在國與天下，則又有君臣朋友之二倫矣。不論爲任何一方面之人，皆有其所當行之道存焉，如曰：「爲人君止於仁，爲人臣止於敬，爲人子止於孝，爲人父止於慈，與國人交止於信」大學是也。禮運更有十義之論曰：「父慈子孝，兄良弟悌，夫義婦聽，長惠幼順，君仁臣忠。」孟子亦曰：「父子有親，君臣有義，夫婦有別，長幼有序，朋友有信。」「君臣也，父子也，夫婦也，昆弟也，朋友之交也，」中庸是之謂五倫。儒家於家庭最重孝，於社會最重仁；而孝又爲仁之本，其與家爲國本無異，如孝經曰：「夫孝，德之本也，敎之所由生也。」「人之行莫大於孝。」「君子之事親孝，故忠可移於君；……居家理故治可移於官。」有子更明言曰：「君子務本，本立而道生，孝悌也者其爲仁之本與」論語—蓋孝之與仁，家之與國，有程度之差，無性質之殊。(?)以家與孝爲本，推而廣之，則爲國與仁，所謂：「以天下爲一家，以中國爲一人」禮運是也。孔子所謂「必世而後仁」者，亦謂：須三十年，而後能使社會仁化也。

上所述之：君臣，父子，兄弟，夫婦，朋友，五倫，係就自然制度上言之；尚有就修養品格上言之者，如所謂：庸人，士，君子，賢，聖五儀（荀子哀公篇大戴禮五義篇）是矣。孟子曰：「聖人，人之標準也。」荀子曰：「聖也者，盡倫者也。」聖之人格，爲最高尚；有志爲之，終亦必逮，如荀子云：「始於爲士，終於爲聖人。」孟子云：「人皆可以爲堯舜」，人人成聖，其理想始實現；尚不止於董仲舒所謂：「人人皆有士君子之行也。」如前所述之五倫者，屬於同時兼有之橫的一方面也；若頃所言之五儀，則屬於由下進上之縱的一方面矣。

（墨子）墨子之言曰：「唯能以尙同（尚猶上也）一義爲政，然後可矣！何以知尙同一義之可而（而猶以也）爲政於天下也？……古者天之始生民，未有正長也，……一人一義，十人十義，百人百義，千人千義，逮至人之衆不可勝計也，則其謂義者亦不可勝計，此皆是其義，而非人之義，是以厚者有鬬，而薄者有爭，是故天之欲同一天下之義也，是故選擇賢者立爲天子；天子以其知力爲未足獨治天下，是以選擇其次立爲三公；三公又以其知力爲未足獨左右天子也，是以分國建諸侯；諸侯又以其知力爲未足獨治其四境之內，是以選擇其次立爲卿之（之猶與也）宰；卿之宰又以其知力爲未足獨左右其君也，是以選擇其次立而爲鄉長，家君，……家君總其家之義以尚同於國君，……國君選（俞云選亦總也）其國之義以尚同於天子，……天子又總天下之義以尚同於天，……」尚同爲政之本而治要也。」（尚同下，中上二篇可參看）此非「天統之世，天主政府」而何？墨子之言曰：「財不足則反之時，食不足則反之用，故先民以時生財，固本而用財則足，故雖上世之聖王，豈能使五穀常收，而旱水不至哉；然而無凍餓之民者，何也？其生財密其用之節也，故倉無備粟，不可以待凶飢；庫無備兵，雖有義不能征無義；城郭不備全，不可以自守；心無備慮，不可以應卒；……故備者國之重也，食者國之寶也，兵者國之爪也，城者所以自守也，此三者國之具也。」（七患）其富强的國家，及其所以致富强之術，皆可於此想見之。然此亦不過當時救急之一辦法耳，尚非極高尚之理想談也！（？）要此富强政策之出於實利主義者，實「勢所必至，理有固然」也。

夫人能勤儉，世自富强，其富强的國家，（或世界）略如右述；至其勤儉的人生，則已於前此託始的先王一表中詳述之矣。

按前此各表，如既依次闡畢，此表本可自明，無須喋贅。若計此表與前此各表之關係，則似宜以第一表爲第一；至其餘各表，雖尚有深淺之不同，要其皆有關係則一。雖以此表爲總表可也；然此表後，尙有一表焉。

第十二表　三家與三方

老子	比較接近印度及釋迦
孔子	有時左傾於老子有時右傾於墨子有時自立於老墨二子之中間
墨子	比較接近西洋及耶穌

（說明）明分世界思想爲西洋，中國，印度三大部分者，始自梁漱溟先生也。以吾觀之，大致尙合；但若固執，則仍未可。至其所配之

現量，比量，直覺，吾尚莫明其妙。西洋與印度二方面，不在本問題之範圍內，玆姑勿論，其以直覺二字代表中國思想，吾實萬難附和；而以孔家思想爲不出直覺二字，吾更未見其有合也。朱謙之先生亦以爲：「梁氏所謂孔子，是陽明一派眼中的孔子，而非孔子之全體」。（一個唯情論者的宇宙觀及人生觀）此說誠然！但如朱先生所謂：「不過孔子思想也有箇來歷，大概卽本於古相傳的泛神思想而來。」（同上）於是遂以泛神思想爲孔學中心，吾亦倣其說而謂：「朱氏所謂孔子是康有爲一派眼中的孔子，而非孔子之全體。」（？）（餘俟後詳）直覺與泛神思想二者，皆非孔學之重要部分。梁先生在西洋，中國，印度三方面中，輒痛斥西洋思想；在老孔墨三學派中，亦痛斥墨子；往往以墨子與西洋同加痛斥；此已可見其專用個人意見，以觀察各家之學說矣！

宜其研究所得之結果，諸旁觀者莫不(?)以爲眞如莊子所謂：「其所謂道者非道，而所言之韙不免於非」天下篇也。試問眞正學者所持之態度，冏應如是乎？故若東西文化及其哲學一書，與其信以爲諸方面思想之眞象，毋甯當作梁先生之自家思想以觀之，或較有合也；况若梁先生不亦嘗自道乎：「我是先自己有一套思想，再來看孔家諸經的；看了孔經，先有自己意見再來看宋明人的；始終拿自己思想作主，由我看去。」同上

抑吾對於梁先生，猶有未明者，如謂梁先生不知中國有老孔墨三大思想家耶？則彼固常以孔老與墨子對舉而言若以墨子爲不足道與？則彼亦比墨子於西洋思想，西洋思想者乃彼所謂三方思想中之一大支也。如梁先生旣以孔老與墨子對舉而言，則理亦應謂，中國思想，竟

有二派：一爲孔老派，一爲墨子派，然梁先生未嘗云爾；卽以爲然，亦爲不合。夫孟子不云乎：「逃墨必歸於楊，楊朱係代表當時之道家言者逃楊必歸於儒。」此明言老孔墨俱爲顯學，而三分當時之天下也，梁先生尙得以爲：中國思想只有二派或並以墨子爲不足道，而謂只有孔老一派乎？再若梁先生以孔老可合而爲一家耶，則吾試問儒家之孟子亦何必拒道家之楊子，而云「楊墨之道不息，孔子之道不著」哉？而司馬遷不更明而言之乎：『世之學老子者則絀儒學，儒學亦絀老子，「道不同不相爲謀」豈謂是耶！』史記老子列傳是亦可以想見老孔二家之終難合矣！可惜梁先生尙未之見及也。按孔老與孔墨，如就大部分而論，孔子或較近於墨，而較遠於老；參看本書各表，及梁任公之先秦南北二派一表。至如韓愈之以孔墨二家相提並論則又未免太過矣！吾亦無取焉。惟梁任公先生言曰：「春秋戰國間，學派繁茁，秦漢後或概括稱爲百家語，或從學說內容分析，區爲六家九流，其寔卓然自樹壁壘者，儒墨道法四家而已；其餘異軍特起，略可就其偏近之處，附庸四家。……以思想性質爲序，試取譬於歐陸各國，國會席次，則道家其極左黨，法家其極右黨，儒家則中央黨，而墨子則中央偏右者也。」（先秦政治思想史）但若法家之成立，既在三家之後，彼雖雜採三家之學說，惜其不能集三家之大成，終至不此不彼，亦彼亦此，故若比之三家，殆猶未足與語。而李石岑先生亦曰：「論到先秦諸子哲學，本來有九流十家之稱；日本人編中國哲學史，且有十三家之目；寔則嚴格而論，何嘗有如許家數？至多不過道儒墨三家而已。」（人生哲學卷上）雖然，吾所謂三家者，謂在中國思想家中，惟老孔墨爲最大（第一流）耳！非敢以爲捨此而外，別無他家也；而今李先生輒謂：「至多不過道儒墨三家而已」！至多尚止於三家；則其意謂：尚可以再縮減也，亦自可以想見矣！爲此說者，雖未若十家九流諸說之過於荒唐；然亦未免失實矣！「不及」猶「過」之謂也。當我之閱梁漱溟先生之東西文化及其哲學一書也，對彼往往以孔老與墨子對舉而言之處，卽自覺以爲：非將老孔墨分而爲三如右表不可！後來見及梁任公先生如上所言之：「道家……極左，……儒家……中央，……墨家……偏右。……」此與吾說雖未甚合，然已頗有相同之處；直至日前見及朱謙之先生之改正梁漱溟先生之三方面說曰：「依我意思，要分別東西文化根本不同，是很難的；如果要分析，也要分析到底，如就中國文化當中，孔家是走第二條路的，老子是走第三條路的，墨子是走第一條路的。就西洋文化當中，英美派是走第一條路的，希伯來派是走第三條路的，正統派多走第二條路的。按此據下文係指希臘的正統派又如印度，婆羅門是走第二條路的，佛家是走第三條路的，順世外道是走第一條路的。這麼一分，才覺眉目清楚。」同前引其於西洋，印度二方面之分，吾尙未敢有所表示；若其中國方面爲老孔墨一說，可謂較與吾同意矣！但亦止於此節；至於此外所有朱說，恐終無一與吾合者！如其所欲言之：「孔子尊重自由戀愛，」……一個唯情論者的宇宙觀及人生觀「眞情之流，」「泛神的宗教；」……周易哲學卷上吾終莫明其妙，多不贊同！其用個人意見，觀察他人學說，其對孔子多屬感情作用視諸梁漱溟先生，殆又過之！如言孔子講男女平等，及自由戀愛一類之說；皆蔑視事實，曲解證據萬不可通，無人敢信之者。要就其知分孔老墨爲三之一點而論，視夫梁先生之僅選孔子爲中國代表，或以孔老相提並論，至於墨子則罵而逐出之，不以爲家數者，實非梁說之所可及也。

觀於後世以釋老或佛老並稱，即可知此兩家有相接近之處矣！今人如章太炎先生，亦常用佛說解老莊。除最不相同之：釋爲大宗教家，而老則不信天鬼外；餘惟老子厭時，而佛氏厭世，但吾師友中之精於中印學者，如李證剛，梅擷芸諸先生皆以佛老爲不消極不厭世。程度之深淺，有所不同耳。至於墨子，在科學……凡論方法，論智識，實用主義：功利主義……等。之一方面，可看胡著中國哲學史大綱卷上第六篇墨子，及第八篇別墨；蔡孑民先生亦曰：「先秦惟子墨子頗治科學。」中國倫理學史此其近西洋思想方面者也。其在宗教……之一方面，亦有梁任公先生之言曰：「古今中外哲人中，同情心之厚，義務觀念之強，犧牲精神之富，基督而外，墨子而已。」先秦政治思想史「就堅苦實行這方面看來：墨子眞是極像基督，若有人把他釘十字架，他一定含笑不悔」墨子學案）但以吾觀於墨子，實無負於耶穌；亦未見耶穌之有高上乎墨子也；東西一對，不相上下。謝無量先生更就墨耶二教比而觀之曰。（一）墨子所謂主宰之天，卽耶教所謂神。（二）墨子本天志立兼愛主義，耶教本神志立博愛主義。（三）墨家耶教並因天神之意，而非攻伐。（四）墨子非命，耶教亦不言命，而許意志自由。（五）天能視察人行善惡而下賞罰，墨子耶教皆有此義。（六）人生行爲善惡之標準，惟以合於天神之意與否爲定。（中國哲學史）但亦有未盡合之處，如梁任公先生之言曰：「基督教說靈魂，說他界；墨子一概不說。」（墨子學案）要其大致相同，確如梁謝諸先生所云者。此其近耶教方面者也。老之接近印度與釋迦，及墨之接近西洋與耶穌，已如右述；至若二家之在中國方面，亦皆有近於孔子之一部分者：如老子之無爲政策，孔子亦嘗贊美「無爲」政策之類，是非老子之近於孔子乎？如墨子之賢人政治，孔子亦力主張賢人政治之類，是非墨子之近於孔子乎？同者尚屬多多，此其較著者耳！至老與墨二家，則處於根本相反之地位，觀於各表所述，亦已足矣。

若將本表，與前此託始的先王一表，合而觀之，則可以總而言之曰：道家思想，於中國本部，上本乎黃帝；以前而於國外，則接近印度與釋迦；其後流爲隱者。墨子思想於中國本部，上本乎大禹；而於國外，則接近歐西與耶穌其後流爲任俠。儒家思想，係中國之正統派，上承堯舜禹湯文武周公諸先王，下出漢唐宋明諸後學，亦可以爲其後流爲官僚政客，如孫叔通輩，詳後。時或左傾於老，時或右傾於墨，其左右傾者既詳於上矣；至於自漢以後，儒家專制一統中國思想……界，事實俱在，既不易述，亦不必述。所當詳者：在乎孔子之爲集中國正統派思想的大成之一問題。如孟子所謂：「由堯舜至於湯，……禹，皐陶，……由湯至於文王，……伊尹萊朱，……由文王至於孔子，……太公望散宜生，由孔子而來……。」此其中非已含有道統相傳之意乎？然猶不若韓愈之明言曰：「堯以是傳之舜，舜以是傳之禹，禹以是傳之湯，湯以是傳之文武周公，文武周公傳之孔子。」原道 中庸亦曰：「仲尼祖述堯舜，憲章文武。」舉其最著名之上下則如禹湯周公已皆括在其中矣 孟子於是乎言曰：「孔子之謂集大成。」集大成者，集中國古來正統學說之大成也。然於此又有不得不詳者：吾見孔子之不極端執一，亦其所以能致廣大之一大原因也。此如孟子之言曰：「楊子取爲我，拔一毛而利天下不爲也；墨子兼愛，摩頂放踵，利天下爲之；子莫執中，執中爲近之，執中無權，猶執一也，所惡執一者，爲其賊道也，舉一而廢百也。」此言楊子係極端的個人主義者，絕對不爲天下；墨子係極端的天下主義者，絕對不爲個人；若在孔子有類於第三者觀之，則嫌其皆未免固執，故孟子稱之曰：「仲尼不爲已甚者。」已甚卽太過，如今所謂極端絕對者也。如旣不爲已甚，則其必居於楊墨之間可知矣。不觀孔子之贊美舜乎：「執其兩端，用其中於民。」孔子謂「過猶不及，」二者皆譏，故貴中庸。此語所以謂：孔子自立於老子與墨子之中間者也。然雖「執中爲近之，」若一味的「執中無權，」竟亦等於執一者，其與兩極端派，恐相差不遠矣！所以孔子亦不以此爲然，有時如老，有時如墨，惟視其宜，無所不可！此吾所以謂：孔子有時左傾於老子，有時右傾於墨子者也。孟子不亦嘗言乎：「伯夷聖之清者也，思按老子近之伊尹聖之任者也，思按墨子近之柳下惠聖之和者也，孔子聖之時——「可以仕則任，可以止則止，可以久則久，可以速則速——者也。』且孔子亦嘗自言曰：「不降其志，不辱其身，伯夷叔齊與。謂柳下惠少連，降志辱身矣，言中倫，行中慮，其斯而已矣。謂虞仲夷逸，隱居放言，身中淸，廢中權。我則異於是：無可無不可。」[十八]夫老墨……之道，孔子或兼而有之；孔子之道，則爲老墨……之所無；如老學中，無有近墨學者；墨學中，無有近老學者；若在孔學中，則不論老學墨學，……皆有近之者焉。此孔子之所以集大成，而老墨猶未免乎。一偏者也。孔子之中立於兩極端派如：老墨之中間者，既如彼；其有時左傾於老，有時右傾於墨者又若此；故本表曰：有時左傾於老子，有時右傾於墨子，有時自立於老墨二子之中間。鐵案如山，不可移矣！諸憶說者，盍一察焉？

至若儒家之得後傳而統一後世，與老墨之所以不傳者，亦得乘此機會，略爲一述焉。梁任公先生之「儒學統一時代」言曰：「泰西之政治，常隨學術思想爲轉移；中國之學術思想，常隨政治爲轉移；此不可謂非學界之一缺點也！是故政界各國並立，則學界亦各派並立：政界共主一統，則學派亦宗師一統；當戰國之末，雖有標新領異，如錦如荼之學派，不數十年，摧滅以盡，巋然獨存者，惟一儒術；而學術思想進步之跡，亦自茲凝滯矣。」 中國古代學術思想變遷史 中國學術之所以不能如歐洲之進化者，大氐如梁先生之論。梁先生又詳論「其原因」曰：「當時百家，莫不自思以易天下，何爲不一於他，而獨一於孔？是亦有故：周末大家，足與孔並者，無逾老墨；然墨子主平等，大不利於專制；老子主放任，亦不利於干涉；與霸者所持之術，固已異矣。按其後云：「如墨學主於鋤强扶弱，勢力愈盛者則其仇之愈至；老學則芻狗萬物，輕世肆志，往往玩弄王侯，以鳴得意；然則彼其學，非直霸者不取之，抑先自絕也。」惟孔學則嚴等差，貴秩序，而措而施之者，歸結於君權；雖有大同之義，太平之制，而密勿微言，聞者蓋寡。思按：所謂大同之義，太平之制，尚有疑問，說已詳前。其所以干七十二君，授三千弟子者，大率上天下澤之大義，扶陽抑陰之庸言，於帝王馭民，最爲適合，故霸者竊取而利用之，以宰制天下；漢高在馬上取儒冠以資溲溺，及至定大業則適魯而以太牢祀矣！蓋前此則孔學可以爲之阻力，後此則孔學可以爲之奥援也。」按其後云：「蓋儒學者實與帝王相依附，而不可離者也；故陳涉起而孔鮒往，劉季興而叔孫從恭順有加，强聒不捨，捷足先得，誰曰不宜？」按儒學之所以獨得傳於後世，此確爲其主因；而老墨二家之所以後絕者，亦多由於違背此理。觀於後儒如叔孫通輩之行爲，確合孔子之意旨；雖謂爲一本諸孔子，亦不爲過。例如：二世不喜聞反而喜聞盜，叔孫通遂不實言反而假言盜，二世因喜而重賜之，並拜爲博士，諸生曰：「生何言之諛也！」逮通降漢王，漢王憎儒服，通卽變短衣楚製，通徵魯諸生，與其弟子，共起朝儀，魯有兩生不肯行，曰：「公所事者且十主，皆面諛親貴！」「公往矣毋汚我！」通笑曰：「若眞鄙儒，（已爲鄙儒，反以鄙儒加人。）不知時變！」遂與所徵三十人西，大設其禮，於是高帝曰：「吾迺今日知爲皇帝之貴也！」拜官賜金，諸弟子悉以爲郎，諸生迺喜曰：「叔孫生聖人，知當世務。」（詳見史漢本傳）論語亦載：「公山弗擾以費畔召，子欲往，子路不悅曰：末之也已！……子曰：夫召我者，而豈徒哉？……」『佛肸召，子欲往，子路曰：……「親於其身爲不善者，君子不入也。佛肸以中牟畔，子之往也如之何？……子曰：……吾豈匏瓜也哉？焉能繫而不食？」[十七]「楚狂接輿，歌而過孔子曰：何德之衰！……」[十八]微生畝謂孔子曰：丘……無乃爲佞乎？[十四]於是可將史記所述叔孫通，與論語所述孔子，二者比而觀之矣：叔孫通見譏於魯諸生及其弟子曰諛；而孔子亦見譏於子路及諸隱者曰佞。孔子亦曰：「事君盡禮，人以爲諂也。」在叔孫之門，以爲：通於時變，「聖人知當世務；」在孔門亦以爲：「聖之時，」「權，」「無可無不可。」詳前叔孫通所事者且十主；而孔子亦干七十二君。隨通之儒生，及其弟子數十人皆貴顯；而孔子之三千弟子，亦多交友諸侯。司馬遷曰：「叔孫通希世度務，制禮進退，與時變化，卒爲漢家儒宗。」不獨漢家儒宗之叔孫通然也；卽爲中國歷代儒宗之孔子，亦多類此。此儒家後來之所以多流爲官僚政客者也。

此爲不善學孔子者，然亦孔子有以致之。若老學則多流爲隱者，隱者厭時者也墨學則多流爲任俠。所謂隱者，司馬遷已謂：「老子隱君子也；」史記本傳而孔子亦目當時跡近道家之丈人爲「隱者。」即凡所謂：放達者，頹廢者，山林隱逸之士，遊惰無能之人，……皆多來自老學也。而魏晉盛行老莊學說，如上述一類之人亦最多。(？)老學後既多流爲隱逸者，是其厭時方面得傳；而其哲理方面則較少有所聞矣；雖然，如老子之後，在戰國時有莊子，漢有淮南子，魏晉間有僞列子，(？)抱樸子，……之數書者，皆極有光於老學者也！既勝於墨學之後無聞；即視儒家之歷時久，後學多，傳書衆，而計其眞得孔子之旨者，竟仍未見其甚多；亦不大愧色矣。至所謂任俠者，可看史記遊俠列傳，古書多以儒墨或孔墨並稱，墨後流而爲俠，於是遂有以儒俠對舉者矣！此如司馬遷引韓子之言曰：「儒以文亂法，而俠以武犯禁」是也。如猶未吾敢信，請證見之可乎？

漢興，有朱家田仲王公劇孟郭解之徒，雖時扞當世之文罔，然其私義廉潔，退讓有足稱者。……至如朋黨，宗彊比周，設財役貧，豪暴侵凌孤弱，恣欲自快。游俠亦醜之。（按墨子亦譏力正之：「大則攻小也，强則侮弱也，衆則賊寡也，詐則欺愚也，貴則傲賤也，富則驕貧也，壯則奪老也，是以天下之庶國，方以水火毒藥兵刃以相賊害也，……是之謂賊，故凡從事此者，寇亂也，盜賊也，不仁不義，不忠不惠，不慈不孝，是故聚歛天下之惡名而加之。」）……魯人皆以儒教，而朱家用俠聞，（按墨與儒異，今俠亦然。）所藏活豪士以百數；其餘庸人不可勝言⋯⋯振人不贍，（按此與墨子所主張之：「有力者疾以助人，有財者勉以分人」正同。）先從貧賤始，（按：儒者先親後疏，墨者，先無後有，亦爲儒墨不同之一。）家無餘財，衣不完采，食不重味，乘不過輈車，（按此亦如墨子所主張之：「食土簋，啜土刑，糲粱之食，藜藿之羹，夏日衣葛，冬日鹿裘。」）專趨人之急，甚已之私。（按此卽墨經所謂：「任，爲身之所惡，以成人之所急。」及莊子天下篇所謂：「以繩墨自矯，而備世之急」之意。）⋯⋯周人以商賈爲資，而劇孟以任俠顯諸侯。（按墨子曾痛言：「至以餘力不能相勞，腐巧餘財不以相分；」而今俠亦與商賈異。）⋯⋯劇孟死，家無餘十金之財。（按莊子亦評論宋鈃云：「其爲人太多，其自爲太少。

〕郭解……父以任俠，孝文時誅死。解……以軀借交勢仇，……及解年長，更折節爲儉，以德報怨。（按此皆有墨子之氣概！若儒者則不然，如論語載：或曰以德報怨；子曰何以報德？以直報怨。以德報德。〕厚施而薄望，……解姊子，負解之勢，與人飲使之嚼，非其任彊必灌之，人怒拔刀刺殺解姊子，亡去，解姊怒曰：以翁伯解字之義，人殺吾子，賊不得，棄其尸於道弗葬，以辱解，解使人微知賊處，賊窘自歸，具以實告解，解曰：公殺之固當！吾兒不直！遂去其賊，罪其姊子，乃收而葬之，諸公聞之皆多解之義益附焉！（按：墨家只有是非之分，無有親疏之別；而今郭解不罪賊，以賊理直；而罪其姊子，以姊子不直也；甚合墨子之意旨。若在儒家，則先親疏之別，而後是非之分；如孔子之不同意於：「其父攘羊，其子證之」的直躬者；而獨主張：「父爲子隱，子爲父隱。」而春秋之爲內諱亦其證也。解家儒墨之相反對蓋如此）。……解執恭敬，不敢乘車，……解家貧不中訾，不飲酒，出未嘗有騎。（按墨子亦嘗主張節舟車，而其由魯赴郢，雖足重繭。裂裳包之而已；若儒家則「不徒行，」而「乘肥馬；」平民化的墨子，與貴族化的儒家其異如此。）……公孫弘議曰：解布衣爲任俠，（按此可見：任「字」之爲名詞，而非動詞也；如爲動詞，則「任」字之上，何必加一「爲」字？旣加「爲」字，則「任」字之爲名詞，如：墨經所云也明矣。）行權以睚眦殺人，當大逆無道，遂族郭解。（按墨子非儒，孟子拒墨，儒墨自古不兩立；而今公孫弘亦族郭解；此卽梁氏所謂：「墨子主張鋤强扶弱，勢力愈盛者則其仇之愈至。」儒家係政府派，故政府重之；墨家係民衆派，故民衆附之。）

據右所節錄之游俠列傳本文，及吾所附註之墨家言，比而觀之，可知：墨俠對於衣食住行，皆極隨便粗薄，其同一也。只知爲人，而不知有身，墨俠所同二也。只有是非而無所謂親疏墨俠所同三也。墨子之教莫要於「任，」其定義云：「任士損己而益所爲也。」「任：爲身之所惡以成人之所急。」而游俠亦號稱「任俠」，俠同於墨四也。……有此數證，則墨之後流而爲俠也確無可疑矣！而爲游俠立傳之司馬遷猶似乎未之見及者！如其言曰：「然儒墨皆排擯不載。」按俠之必見惡於儒宜也；而俠既出於墨，墨惡有排擯之之理哉？然直接傳授墨學之墨，固早絕矣，其將誰載之乎？故此乃當時無墨而莫之載也；非其時有墨而不之載也。「自秦以前，匹夫之俠。湮滅不見，」用本傳語蓋以此故也。自墨子後，其嫡傳有禽滑釐孟勝田襄子腹䵍三人皆墨者鉅子，見呂氏春秋，上德，去私諸篇。諸鉅子；有關係於其名學方面者，亦有惠施公孫龍諸名家；（？）他若宋鈃尹文之流，亦皆與墨有關係者。惟至於秦，統一天下，墨與不利，其學遂隱；然在漢初，尙有盛極一時之任俠，是墨之行或得其實之一方面，猶傳焉；可惜已無墨學或存其名者矣！若在此後，則不獨無傳墨之學者；乃並傳墨之寔者，亦不可得矣！梁氏論墨所以不能如儒之傳於後，觀於公孫弘之族郭解，郭解父之見誅於文帝時，豈不信然哉？司馬遷曰：「於戲惜哉！」然墨之所以不傳於後者，抑尙有他因焉：莊子所謂：以自苦爲極，天下不堪！墨子雖獨能任，奈天下何？詳前是也。於是吾亦不能不爲之惜矣！至章太炎先生之儒俠篇云：「

漆雕氏之儒，……其學廢而閭里游俠興。」其道本篇又注云：「道家亦有任俠，如汲黯是也。」吾意：與其以任俠爲出於儒道，或自爲一流（如太炎儒俠篇云：「俠者無書，不得附九流，然天下有亟事非俠士無足屬。」）也；毋甯謂爲出於墨子之較爲得矣！如不卽曰出於墨子，亦宜謂爲與墨最相接近，事實俱在，賢者試更觀之！

篇末作者曰：吾甚欽佩此三大思想家：老子之淸白的高尙人格，……墨子之犧牲的偉大精神，……誠屬難能可貴！若孔子乎：雖人格不如老子之高尙，精神不若墨子之偉大；然其兩取用中，（前詳）竟集大成，（善於調和者每爲集大成，至若極端派難與言此矣）亦豈老墨之所能及哉？吾雖未肯爲彼輩徒也，然已欽佩萬分矣！此外尙有二人焉：釋迦耶穌是也。穌之可愛同乎墨，中國之老亦頗近於釋。

昔者老徒如莊周司馬談等，評論諸子，獨謂老子有得無失；其餘則得失半。孔徒如孟軻董仲舒韓愈朱熹康有爲等，排斥異家，惟孔是宗，大有凡孔皆是，其餘皆非之槪！甚至同派之中，亦相爲攻，如荀卿之非子思孟軻之類是也。卽最近之人，亦多犯此病焉：其始也如董康……等，各以私意爲孔子之意；更進一步，則以孔子學說，綑墨百家之學說；結果不獨所見之百家學說，非實百家之學說也；卽其所講之孔子學說，亦非孔子之學說矣！非其對象之學說，而爲自家之學說也；以講他人學說爲名，實則發表自家意見而已！此種變相的託古術，計其工處，雖古「爲神農言」之許行，「言必稱堯舜」之孟軻，亦嘆不及！「後優於前，」固如是乎？吾向亦爲信仰孔學，排斥異家之人，現已覺悟，殊自痛悔！故謂三家，各有長短，個人對之，無所好惡。（以述學爲限其他評論不在此內）蓋吾認爲：彼之優劣與吾無關；何必自加得失於其間哉？彼三家者，卽己父師，亦不容有所偏袒；況又非己之父師乎？是更無用偏袒之必要也明矣！韓愈有言「知而不以告人者不仁也；告而不以實者，不信也。」吾今甚恐流落而爲「不仁；」是以「知無不言；」欲避免「不信」之譏，是以「具以實告；」世之代人辯護者，是人之「走狗」也；而諸吹毛求疵者，其亦「好搗亂」甚矣；走狗，搗亂，世人之公敵也！未悉世人何樂而爲之？鄙意如此，學者以爲何如？